나는
나를 다시
키우기로 했다

# 나는 나를 다시 키우기로 했다
엄마라는 이름 너머, 다시 나로 살아가고 싶은 당신을 위한 셀프리더십 에세이

**초판 1쇄 발행** 2025년 8월 15일

**지은이** 남미현
**펴낸이** 장길수
**펴낸곳** 지식과감성#
**출판등록** 제2012-000081호

**교정** 김지원
**디자인** 정윤솔
**편집** 정윤솔
**검수** 이주연, 이현
**마케팅** 김윤길

**주소** 서울시 금천구 벚꽃로298 대륭포스트타워6차 1212호
**전화** 070-4651-3730~4
**팩스** 070-4325-7006
**이메일** ksbookup@naver.com
**홈페이지** www.knsbookup.com
**저자 이메일** hansol0411@naver.com

ISBN 979-11-392-2743-7(03190)
값 16,700원

• 이 책의 판권은 지은이에게 있습니다.
• 이 책 내용의 전부 또는 일부를 재사용하려면 반드시 지은이의 서면 동의를 받아야 합니다.
• 잘못된 책은 구입하신 곳에서 바꾸어 드립니다.

지식과감성#
홈페이지 바로가기

성장에는 공백이 필요하다
멈춤은 끝이 아니라
다시 나를 키우는 시간이었다

# 나는 나를 다시 키우기로 했다

남미현 지음

엄마라는 이름 너머,
다시 나로 살아가고 싶은 당신을 위한
셀프리더십 에세이

목차

## Part 1. '일하는 나'의 빛나는 성장
My name is 남미현 — 행복했던 111개월, 그 시간의 기록

1. '좋은 사람'과 성장한 시간　　　　　　　　　　　　8
2. '처음'이 준 선물　　　　　　　　　　　　　　　　14
3. 번아웃, 반짝이던 나날의 끝　　　　　　　　　　　22

## Part 2. '엄마'라는 이름의 무게
My name is 엄마 — 현실 육아 56개월의 생존기

4. 엄마로 산다는 것　　　　　　　　　　　　　　　30
5. 아픈 만큼 자라는 아이, 그리고 엄마　　　　　　　41
6. 나를 돌보지 못한 시간　　　　　　　　　　　　　50

## Part 3. 다시, '일하는 나'로
My name is 남미안 —- 텅장 가계에서 다시 사회로

7. 4인 가족, 외벌이의 현실                                58
8. 엄마의 근로소득                                        74
9. 워킹맘, 성장 노하우                                    83

## Epilogue. What's My Next name?
— 또 다른 이름을 향해

1. 기록의 시작, 나를 위한 글쓰기                          178
2. 일과 성장, 내 이름을 되찾는 시간                       179
3. 성장의 과정, 또 다른 이름을 향해                       182

# Part 1.
## '일하는 나'의 빛나는 성장

My name is 남미현
— 행복했던 111개월, 그 시간의 기록

## 1. '좋은 사람'과 성장한 시간

강산도 변한다는 10년 동안 한 직장을 다녔다. 정확히는 첫 직장에서 이직 없이 9년 3개월, 111개월을 꼬박 채웠다. 24살부터 33살까지, 어김없는 출근 도장이 이어졌다. 내 인생에 획을 그은 큰 사건이 없었다면 아마 지금도 마을 초입을 지키는 정승처럼 굳건히 그 자리를 지키고 있을 생각에 섬뜩하다.

2007년 1월 2일, 회사 생활을 시작했다. 직장 생활은 대체로 행복했지만, 하루하루 들여다보면 마냥 그렇지만도 않았다. 즐겁고 흥미진진한 일들도 많았지만, 크고 작은 위기와 고통도 진하게 겪었다. 승진에서 미끄러진 일, 회식 후 집 앞에서 계단 아래로 굴러 뒤통수를 꿰맨 일, 대낮 엘리베이터에서 명사에게 기습 뽀뽀를 당한 일, 장마철 퇴근길에 물이 넘실대던 반지하방, 내 집보다 연수원에서 더 많은 밤을 보낸 날들 등, 지금은 웃으며 말할 수 있는 에피소드가 줄줄 이어진다. 연인과의 연애도 지나고 보면 좋은 일만 기억나듯(나는 그렇다 ㅎㅎ), 그때는 힘들고 어려웠을지언정 지금 생각하면 다 추억이고 웃을 일이다. 울고 웃었던 첫 직장, 그곳에서의 경험과 추억은 여전히 내게 소중하다.

　내가 다닌 회사는 직원 수 300명 미만의, 당시 '중소기업'이라 쓰고 '강소기업'이라 부르는 회사였다. 중소기업의 장점은 실력과 경력에 비해 더 다양한 직무 경험을 쌓을 수 있다는 것이다. 이를 '체계가 없다'고도 표현할 수 있으나, 자유분방한 나에게는 오히려 잘 맞았다. 관료주의보다 심리적 안전감(Psychological Safety)을 주는 분위기, 그리고 프로젝트마다 주어지는 재량권은 내게 큰 매력이었다. 실제 아무것도 할 수 없지만 '내가 무언가 할 수 있다는 느낌'을 갖는 것만으로도 인간은 큰 행복감을 느낀다. '자율성'은 사람을 행복하게 만드는 강력한 요소다. (자율성 이론, SDT)

　국내 유수기업의 교육 담당자들과의 미팅, 회사 홈페이지 프로모션, 수강생 이벤트 등 생전 처음 해보는 일들은 나의 실력을 쌓기 충분했고, 모르는 것은 선배님들의 도움을 받아가며 이뤄나갔다. 좋은 사람들과 좋은 것을 만들며 스스로 성장하는 나를 발견하며 행복했다. 프로 일잘러가 되어가는 자아도취에 빠져 야근도, 주말 근무도 강행하며 1년, 2년, 10년을 보냈다. 감정선이 뛰어나게 발달한 나는 그 시절을 떠올리면 행복하면서도, 한편으론 바보 같기도 해서 여러 가지 의미로 눈물이 핑 돈다.

그런 나도, 여느 직장인처럼 누구나 품고 다니는 '사표'를 냅다 던지고 싶은 날도 많았지만, 꾹꾹 참고 10년이란 시간을 보냈다. 매너리즘, 연봉 협상, 업무 강도, 상사와의 갈등, 오해로 인한 감정 소모, 승진 누락 등 회사를 떠나고 싶은 이유는 이따금 종종 자주 발생했고, '인내해요, 마요'를 늘 고민하며 살았다. 당시 유행한 드라마 "〈미생〉의 주인공이 바로 나예요!"를 외치며 궁상을 떨고 또 떨었다. 순간의 울분을 참지 못하고 '퇴사할까, 말까?'를 고민하던 어느 날, 건물 1층 스타벅스에서 한 강사님이 내게 해 준 말이 아직도 기억난다.

*"미현 님 주변에는 좋은 사람들이 있어야 해요.*
*주변의 영향을 많이 받아요."*

이 말이 내게 큰 울림이 되었다. 나는 팔랑귀였고, 주변의 영향을 많이 받는 사람이었다. 몇 번을 이직하고도 남는 10년이라는 시간을 한 곳에서 버틸 수 있었던 이유는 바로 '좋은 사람'들 덕분이었다. 실제로 그랬다. HRD(Human Resource Develop) 회사에는 좋은 사람이 차고 넘쳤다. 교육을 업으로 똘똘 뭉친 사람들은 지성과 감성이 월등하며 내가 배울 것도 무궁무진했다. 직원들과 소통하는 문화도 좋았고, 함께 일하며 배우고 성장하는 문화는 장기근속자를 꾸준히 배출했다. 좋은 곳에서 좋은 에너지를 받으며 좋은 사람들과 일하기에 너무도 훌륭한 곳, 그곳이 나의 첫 직장이었다.

'훌륭한 동료' 다음으로 내게 좋은 영향을 준 사람은 훌륭한 '강사'였다. 각계 전문가, 즉 명사와 소통하는 일은 사회 초년생에게 꽤 흥미로웠다. 특강 업무가 흥미로운 첫 번째 이유는 유명인을 접하는 데서 오는 신기함이다. 두 번째는 그들의 전문성과 에너지를 직간접적으로 전달받는 것, 세 번째는 '사람들에게 건강한 메시지를 전달'하는 일을 한다는 자부심이다. 이 자부심이 나의 내면을 단단하게 했다.

내 나이 23살, 명사 초청 특강을 담당하며 매월 1회 명사를 섭외했다. 섭외 과정은 가히 탐정급이다. 소속사나 에이전시가 있는 경우는 섭외가 수월하다. 과거 소위 이름 날리던 분들은 현재는 소속 없이 자기 일을 하는 경우도 있다. 김규환 명장님이 그랬으며, 우리가 흔히 아는 이순재 선생님도 소속사가 없었다. 흥신소급 집착과 열정으로 여기저기 수소문한 끝에 김규환 명장님이 해외로 출국하는 토요일 아침, 인천국제공항터미널에서 작은 카메라를 들고 출국 직전의 그를 인터뷰했다. 이순재 선생님은 당시 매니저가 따로 없었다. 유일한 창구는 이순재 선생님의 핸드폰 번호로 직접 연락하는 것이었다. 신호음이 울린 지 얼마 지나지 않아 '묻지도 않고 따지지도 않고 1588-○○○○' 광고와 똑같은 이순재 선생님의 음성이 들려왔다. 어린 나이, 처음 겪는 경험에 가슴이 콩닥거렸다. 브라운관으로만 듣고 본 선생님과 전화 통화하는 날을 꿈에도 그려본 적 없다. 유명한 분들과 소통하며 그들의 에너지를 받고, 대단한 일을 해내는 듯한 성취감과 자신감도 얻었다. 도전, 열정, 자신감 등 태도적인 면에서 성장했음을 느꼈다. 잠시나마 이분들의 기품, 아우라, 태도 등을 직간접적으로 부딪히며 인생 선배로서의 교훈을 배우고 깨달았고, 배우고자 하는 동기가 일었다. 2008년 당시 매니저를 두지 않고 혼자 움직이신 이순재 선생님은 검소하셨고, 연세 대비 체력도 훌륭하셨고, 강인한 소통 능력은 물론 상대를 어렵게 하지 않으셨다. 직장인 300명을 울고 웃기는 입담, 밤 10시 다 되어서까지 쏟아내는 에너지와 체력에 보통 사람과 다르다는 것을 18년 전에 알았다. 돈 주고도 살 수 없는 경험을 돈을 받으며 배웠다. 지금 생각해도 복받은 시간이다.

특강 담당자는 섭외를 시작으로, 강의가 마무리되기까지 긴장의 끈을 이어간다. 하루에도 꽤 많은 교육과정을 기획하고, 제안했다. 수주한 교육은 계획에 맞게 진행했다. 많은 기업의 많은 교육이 내게는 one of them이지만, 특정일 특정 시간에 특정 강사만을 기다리는 기업은 교육 한 건 한 건이 한 치의 실수도 용납하기 어려운 큰 이벤트다. 그렇기 때문에 섭외는 물론, 강사가 약속한 날, 약속한 장소에 나타나도록 시간 관리도 철저히 해야 한다.

주말인 토요일 오전, SK 김성근 전 감독님의 리더십 강의가 있는 날. 강의 시작 1시간 전 전화로 감독님의 위치를 확인했다. 다행히 교통 체증 염려 없는 지하철로 이동 중이셨다. 대한민국 대다수가 알아보는 공인임에도 대중교통으로 이동하는 감독님의 소탈한 모습이 꽤 인상 깊었다. 직간접 경험을 통해 일천한 사회 초년생이 각계 분야 거인들의 말, 행동, 태도를 배우고 커가는 순간, 날들이 계속됐다.

나에게 좋은 영향을 주는 세 번째는 '교육생'이다. '교육'을 매개로 강사, 고객사, 교육생과 소통하는 일을 2년 가까이 했다. 교육생과의 추억도 꽤 많다. 그중 기억나는 것은 출근길에 소매치기를 당해 가방과 지갑을 모두 털린 날, 머리털 나고 처음 겪는 일을 교육생과의 커뮤니티에 올렸고, 일주일 뒤, 명품 지갑이 배달되어 왔다! 타지 생활, 빈털터리가 된 사회 초년생을 어여삐 여긴 교육생의 배려였다.

회사 규정상 고객에게 현물을 받을 수 없었지만, 이 지갑은 '짝퉁'이었기에 가능했다. 선물의 진짜 가치는 진심에 있었다. 교육은 사람을 변화시킨다. 진심으로 살아가는 교육생들 덕분에 나 역시 진정성을 갖고 10년을 버틸 수 있었다.

2007년, 첫 월급 116만 원을 받고 장만한 나의 첫 지갑과 가방을 5개월 만에 소매치기로 잃어버렸지만, 그마저도 지금은 추억이 됐다. 잃어버린 물건보다, 그로 인해 생긴 사람들과의 인연이 소중히 기억된다.

## 2. '처음'이 준 선물

나의 첫 사회생활이었던 10년은 '처음'이라는 수식어로 많은 추억을 남겼다. 누구에게나 '처음'은 설레고 특별하다. '별게 다 처음이야'라고 생각되는, 때론 부끄럽고, 그래서 더 소중했던 나만의 첫 경험들을 기록해 본다.

### Ep 1. 내 생의 첫 명품관

호텔도, 명품관도 회사를 다니며 처음 경험했다. 나의 첫 호텔은 반포의 ○W메리어트 호텔이었다. 수년이 지난 지금도 고속터미널을 지날 때면 2007년 파릇했던 애송이 시절이 생각난다. '호텔' 하면 떠오르는 고급진 품격과는 대비되는 모양새로 나는 호텔에 첫발을 디뎠다. 운영 물품 가득 싣고 덜덜거리는 카트가 넘어질까 조마조마한 마음, 시끄러운 소리가 매장의 정적을 깨며 발사되는 눈초리를 견디며 세미나를 마치고 밤 10시, 명품관을 지난다. 15년 된 켸켸묵은 일임에도 그때의 장면, 분위기, 상황이 생생하다. 명품관 입장도 아닌 그저 앞을 지났을 뿐인데도 그 순간이 선명하게 남아있다.

좋은 말로는 '검소', 다른 말로는 '궁상'스러운 소비 패턴과 취향을 갖고 살았다. 갖지 못하는 것을 쫓지 않고 안분지족의 삶을 지향했다. ○넬, ○이비통, 에르○스 등 고가의 명품 백을 내 세계에 들이지 못했다. 주머니 사정에 맞게 경제관을 만들고, 분수에 맞는 경제 개념으로 살았다. 그렇게 마흔이 된 지금, 그 시절의 '처음'이 새삼 그립다. 오늘이 가장 젊은 날이라는 사실이 때로는 야속하게 느껴진다.

### Ep 2. 여의도의 랜드마크

2007년 어느 봄날, 저녁 7시 특강을 준비하기 위해 회사 운영진과 길을 나섰다. 서울의 모든 것이 낯설고 신기하고 즐거웠다. 고등학교까지 고향을 떠난 적 없고, 경기도에서 대학 생활을 마쳤다. 서울에서 접하는 것들은 대부분 처음이었다. 따뜻한 봄날, '싱그럽다'는 느낌이 살아 있다면 이런 거겠구나 싶은 바람과 기운을 맞으며 차창 밖으로 보이는 대교, 건물만 봐도 신났다. 위치는 여의도였고, 유독 눈에 띄는 독특한 형상의 건물이 있었다. 번뜩이는 금빛 색깔, 무엇 때문인지 불안하게 기울어져 홀로 삐죽 솟아있는 높은 건물. 중학교 과학 시간, 질문이 많아 '호기심 천국'이 별명이던 나는 순수하고 맑은 뇌가 시키는 대로 바로 옆, 본부장님께 물었다.

"와, 저 건물은 쓰러질 것 같아요."

경상도 특유 억양을 가진, 당시 상사가 내게 말했다.

"미현 씨, 63빌딩 한 번도 안 와봤나?"

지금은 롯데타워가 최고층이지만, 그때만 해도 63빌딩이 대한민국 최고층을 자랑했다. 63빌딩을 직접 경험해 보지 않은 나로서는 알 턱이 없었으나 부끄러움에 얼굴이 뜨거워졌다. 낫 놓고 ㄱ 자도 모르는 상황을 몸소 보여준 날이다.

혹여 나의 아들, 딸은 나와 같은 부끄러움이 없길 바라며 63빌딩은 물론, 남대문, 남산타워, 광화문 등 이동 중에 보이는 명소를 알려주곤 한다. 7살, 5살 난 아이들이 지금 당장 무얼 알겠냐 싶지만, 이런 경험들이 쌓여 역사 교과서에서 금시초문인 문물이 아니라, 어렴풋이 기억되길 바란다. 여하튼 23살 먹도록 63빌딩을 보고도 63빌딩인지 모르던 나에게 첫 회사는 많은 경험을, 지식을 알기에 흥미롭고 감사한 존재다.

### Ep 3. 남이섬, 청계산, 야간행군 모두 '처음'

'쓰레기'를 '쓸애기'로 탄생시키며 국내는 물론 해외에도 화제가 된 관광 명소 나미나라 공화국 남이섬. 드라마〈겨울연가〉로 유명해진 곳이지만, 나에게는 첫 직장 워크숍 장소로 더 기억된다. 신입 사원 시절 폭탄주를 연거푸 들이마신 후 만들어낸 용기로 가요제 멤버로 출전했던, 웃고 즐긴 추억의 장소다. 그 뒤로는 수강생과 액티비티 활동지로 매년 찾았고, 연애 때, 그리고 엄마가 되어 가족과 함께 두어 번 다녀오기까지 했다. 같은 장소에서의 각자 다른 경험과 추억은 켜켜이 쌓인다. 처음의 경험과 기억이 있었기에 그 뒤로의 방문은 조금 더 쉽고, 추억도 더 커짐을 안다. 나의 인생, 삶을 견인하는 곳, 첫 직장은 내게 여러 의미가 있다.

청계산도 참 여러 번 올랐다. 우선 회사 신년 산행지로 10번 가까이 오른 곳이며, 이후 교육생과의 액티비티로 10번 정도 올랐다. 초입에 즐비한 닭도리탕과 막걸릿집에서의 뒤풀이, 얼큰한 취기와 함께 대낮 노래방 행렬, 직원들과 강남으로 이동해 '밤과 음악사이'에서 등산화 신은 채 스텝을 밟던 그때 그 시절! 새벽 5시에 기상해서 밤 12시까지 놀던 체력과 추억이 그립고 그립다!

무박 2일 야간 행군지, 오대산 종주도 잊을 수 없다. 오대산을 시작으로 하조대 해수욕장에 도착해 일출을 보는 것이 목표였던 행군은 잠을 이기기 위해 함성을 지르고 갖가지 미션을 수행하다 마을 주민들에게 욕을 한바탕 먹기도 했다. 몰아치는 졸음을 견디며 걷고 걸어 도착한 하조대, 흐린 날씨로 비록 일출은 보지 못했지만, 내 인생 새로운 도전이자 경험이었기에 그날의 아쉬움을 아직까지 기억한다.

좋은 사람, 좋은 에너지, 좋은 경험이 나의 첫 직장을 더욱 특별하게 만들었다.

### Ep 4. 교육생 300명을 바닥에 앉힌 날

 강의를 개최하다가 자괴감이 들 정도의 대형 사고도 있었다. 한국의 스티븐 호킹이라고 불리는 서울대 이상묵 교수님을 모셨을 때다. 여의도 전경련 회관을 강연 장소로 줄곧 운영했다. '으레'가 문제였다면 문제였을까? 으레 강의하던 장소에서 다른 날처럼 특강을 준비했다. 월례 행사였기에 해오던 대로 했던 것이 강의 1시간 전 모두를 곤경에 빠뜨렸다.

 전경련 강의장은 계단을 통해 강단에 오를 수 있는데, 이상묵 교수님은 하반신이 불편하여 전동 휠체어를 이용하셨고 800kg 상당의 전동 휠체어로는 연단에 설 수 없던 것이다. 아뿔싸! 상황이 닥치기 전까지는 생각지도 못했다. 아무리 계획해도 터질 사고는 터질 수밖에 없다는 것을 알고 있음에도, 당시 너무도 당연하게 일을 해나간 내가 원망스러웠다. 곧 있으면 수백 명의 교육생이 강의장으로 들이닥칠 터, 하지만 교수님의 휠체어를 강의장으로 올릴 방법은 없었다. 남자 운영진 여럿이 휠체어를 들어볼까 했지만, 특수 휠체어 구조상 불가능했다. 어렵게 모신 교수님과 힘들게 자리한 교육생분들을 그냥 돌려보낼 수 없었다. 어떻게 해서든 강의를 진행하고 싶지만 해결책이 쉽게 떠오르지 않았다. 머리가 멍했다. 막막하기만 했다. 강의 진행을 거의 포기한 상태에서 강단의 조치가 필요했고, 결국 복도에서 강의를 진행하기로 했다. 문제는 교수님 이동은 자유롭지만, 교육생들이 의자 없는 맨바닥에 앉아 강의를 듣게 되었다. 결국 전무후무한 광경이 펼쳐졌다. 교수님께도 죄송하고, 수강생에게도 면목이 없었다. 하지만 그렇게 해서라도 오늘 강의를 듣고자 모두가 한뜻이었다. 2008년 사원 2년 차, 나의 과오가 한 단계 더 상승하는 사고였다. 안일함이 일을 벌였다는 후회와 부끄러움에 당시를 생각하면 지금도 얼굴이 뜨거워진다.

### Ep 5. 때론 여행, 때론 유배 같았던 '제주'

마케팅 부서로 입사하여 HRD사업본부, 대외협력사업까지 총 3개의 부서에서 일하며, '교육'이라는 상품과 서비스를 팔고 전했다. 그중 가장 오랜 시간, 대략 7년을 HRD사업 본부원으로 일하며 기업교육 업무를 담당했다. 사무실에서는 교육 프로그램을 기획하기 바빴고, 고객사 미팅이나 교육 운영을 위해 외근도 잦았다.

그러던 중 서귀포에 위치한 K 공기관의 1년짜리 교육을 수주했다. 매출 볼륨이 상당했기에 내부에서도 박수를 받았지만, 4박 5일간 제주도 출장이 문제였다. 한번 내려가면 일주일을 내리 상주해야 했고, 반복되는 출장에 몸은 지쳐갔다.

캐리어에 일주일 치 짐을 한가득 때려 넣고, 택배로 채 못 보낸 교육 운영 물품도 바리바리 손에 쥐고, 일요일 오후 제주행 비행기를 탔다. 공항에 떨어져 제주시에서 교육장이 있는 서귀포시까지 버스, 택시, 사무관님 차 등 그때그때의 상황에 맞게 이동한다. 몸 편한 건 택시, 경비 절약은 버스, 관계 쌓기는 담당자의 차편이 효율적이다.

전 세계에서 찾는 제주특별자치도답게 즐길 요소도 넘쳐난다. 떡 본 김에 제사 지내고, 원님 덕에 나발 부는 1석 2조의 출장을 놓칠 수 없다. 피할 수 없으면 즐겨야 하는 것이 인생이기에 출장 간 김에 사심도 채워보고자 했다. 교육이 끝나자마자 해가 저물까 두려워 지도를 보고 이곳저곳을 배회했다. 천지역 폭포 근처 갈치조림집 문턱을 넘으며 "한라산 투명한 거 1병이요!"를 외치던 나(투명한 병이 도수가 더 센 것인지 진정 몰랐었다. ㅎㅎ), 그마저도 에너지 부족으로 인재원 바로 코앞의 순대국밥집에서 제주 막걸리를 마시며 피로를 풀기도 했다.

이런저런 날로 일주일을 보내다 가끔 서러움이 밀려온다. 그러다 셀러리맨으로서의 짜치는 계산법에 지배되어 서러움이 북받치는 날을 맞아 버렸다. 시간이 돈으로 치환되는 자본주의 사회에서, '연봉제'라는 이유로 별도의 보상 없이, 여가 시간도 반납하고 24시간 풀로 나의 시간을 갈아 넣는 합숙 근무 시스템은 단단히 잘못됐다 느꼈다. 교육 끝나고 20대 여자 혼자, 순대국밥에 제주막걸리 한 병을 걸치니 취기가 확 올랐다. 울컥거림에 발동걸리는 날은 어떻게든 기분을 털어내야 한다. 제주에 홀로 떨어져 있지만, 전 세계 누구와도 연결할 수 있는 강력한 도구 '핸드폰'을 손에 쥔 게 화근이다. 불편한 주사가 드릉드릉 발동한 곳은 당시 막역했던 인사 담당자다. 캄캄한 밤, 차분하고 고요하게 시작된 통화는 결국 고래고래 울며불며 HRM 제도에 대한 불공정함까지 토로하고서야 끝이 났다.

비 내리는 날, 순대국과 제주막걸리를 걸치고 운치를 느끼던, 다시 돌아갈 수 없는 그때의 젊은 날이 많이 그립다. 그때의 내가 있기에 지금의 내가 있다. 달든 쓰든 경험은 값지다.

### Ep 6. 뺑소니

정신 차리라고 가끔씩 하늘에서 날려주는 시련! 소매치기에 이어 뺑소니범이 될 뻔도 했다. 서울 골목길, 빼곡히 주차된 차들 사이를 빠져나오다 주차된 트럭과 내 차량의 보조석 차체가 부딪혔다.

첫 사고에 당황하고 무서웠다. 2시간 뒤 시작하는 워크숍 생각에 마음이 조급했다. 차에서 내려 사고 장면을 확인해야 했지만 무섭고 두렵고 긴박한 순간이었다. 그때 사고 현장에서 '괜찮다. 어서 지나가라'는 아저씨 한 분의 손 인사를 보고 나는 골목을 빠져나와 워크숍 장소인 올림픽파크텔로 달려갔다.

올림픽대로를 지나며 운전자들의 시선이 내가 몰고 있는 차에 집중됨을 느꼈고, 주차를 하고 나서야 사고의 심각성을 알았다. 파손 범위가 생각보다 너무 크고 흉측했는데, 보조석 차 문이 열리지 않을 정도로 문 이음새가 완전히 들려있었다. 뒤늦게 안 또 다른 사실은 사고를 내고 아무런 조치도 취하지 않고 그 자리에서 빠져나온 행위가 엄연한 '뺑소니'라는 것이다. 당시 상황을 팀장님께 보고드렸고 팀장님은 불같이 화를 내셨으며, 나는 당장 관할 경찰서에 사고 접수를 했다.

지금까지 금천경찰서에서는 아무런 연락이 없다. 나의 첫 차량 사고도 어김없이, 첫 회사와 함께 특별한 추억이 되었다.

## 3. 번아웃, 반짝이던 나날의 끝

첫 직장은 내게 유난히 많은 '처음'을 선물했다. 20대 초부터 30대 초중반까지, 덕분에 행복했고 많이 성장했다. 무에서 유를 만들며 '할 수 있다'는 자신감을 얻었고, 처음엔 꿈도 못 꾸던 것들을 반복하고 도전하면서 결국 해냈다. 새내기라 몰랐고, 몰랐기에 용감했다. 대학교를 갓 졸업하고 사회 경험이 전무하면서도 용감무쌍한 나의 무기를 활용하여 활개 치기에 교육사업은 제격이었다. 하루하루 도전이 이어지고, 조금씩 프로가 되어가는 나를 느꼈다. 사람과 소통하고, 그 안에서 가치를 만들고 에너지를 전달하는 일은 꽤 매력 넘쳤다. 돈 주고도 못 하는 경험을 돈을 받으며 내 것으로 만들었으니 보람찼다. 보람된 일을 하며 성장하는 나를 발견하는 만족감은 하늘을 찌를 정도였다.

"남미현이 명사를 모셔봐서 차 한 잔을 타도 다르다."

사장님의 이 한마디에 어깨가 으쓱해졌고, 어른을 대할 줄 아는 직원이라는 자부심에 어깨 뽕도 높아갔다. 커피 믹스 알갱이를 완전히 녹여 찻잔에 뭉친 흔적이 없고, 쟁반에 받쳐 찻잔 손잡이는 손님 방향에 맞추는 등의 당연한 매너로 칭찬받으며 VIP 내빈객의 차 담당이 됐다. 직장 생활에서 이런 작은 인정이 큰 동기부여가 되었고, 매사에 진심을 다하는 마음가짐을 쌓는 계기가 되었다. (지금 생각하면, 나를 능숙하게 다룬 사장님의 리더십에 내가 깜빡 속아 넘어간 것도 같다.)

직장은 내게 경제적인 밥벌이 공간 이상의 의미였다. MBTI 극F, 감수성이 넘쳐흐르는 감정 곡선을 어디 내놔도 빠지지 않게 훌륭할 나. 잔정과 큰 정으로 이곳저곳을 그득 채운 나. 독립하고 싶어 자처한 타향살이가 길어지며 외로움도 커졌지만, 눈에 보이지 않지만 존재감이 너무도 뚜렷한 '외로움'이라는 감정을 채우기에 나의 첫 직장은 제격이었다. 아침에 눈 뜨면 출근하고, 어둑한 밤이 되어야 퇴근했다. 회사는 나의 하루를, 일주일을, 한 달을, 그리고 1년 열두 달을 꽉꽉 채워줬다. 일하는 공간이자, 좋은 사람들과 소통하며 헛헛한 마음을 건강하게 살찌우는 안식처였다.

9시 출근, 6시 퇴근이지만 프로젝트가 몰리면 '퇴근 시간' 개념은 유명무실했다. 이왕 이렇게 된 거 바쁘게 몰아서 하지 말고, 여유 있게 즐기자며 정시 퇴근을 포기하는 날이 허다했다. 프로일잘러가 된 느낌에 휩싸여 고단함보다는 성취감을 더 크게 느꼈다. 감성이 이성을 지배할 때가 제법 위험함을 알면서도, 그때그때의 만족감을 즐기며 멀리 보는 것을 잊은 채 10년을 살아냈다.

하나의 교육 프로그램을 만들고 운영하기까지 꽤 많은 외근을 해야 했다. 교육 니즈를 찾고, 제안하고, 전달하기 위해 사람과 사람의 만남은 필수였다. 밖에서 시간을 보내고 바로 퇴근하면 좋으련만, 수집한 정보를 취합하기 위해 사무실에 앉아 일하는 것도 빠뜨릴 수 없었다. 생각을 정리하기 위해서는 차분한 시간이 필요했고, 6시 퇴근을 포기하고 여유롭게 야근에 임하는 날도 많았다. 오전 9시, 경기도권에서 교육하는 날이면 캄캄한 새벽에 일어나 준비했다. 당시만 해도 자차가 없고 운전도 미숙해 업무용 차도 운전하기 부담스러웠다. 교재, 다과, 노트북 등 짐이 많은 날은 카트에 실어 택시 기사님과 봉천동에서 용인까지 달렸다. 아침 일찍 고속도로를 달리는 택시 기사님은 운수 좋은 날일 거라 생각하며, 이른 아침이지만 큰 힘 들이지 않고 이동할 수 있음에 감사했다. 다만 돌아올 때는 연수원 근처에 택시가 많지 않아 콜택시 회사마다 전화하며 택시 잡기 경쟁을 벌이기도 했다.

대학교 졸업을 한 달 앞두고 구로동에 위치한 교육회사에 취직하며 직장 생활을 시작했다. 한 달을 일하면 통장에 월급이 찍혔다. 2007년 2월, 세후 116만 원이 첫 월급이었다. 《88만 원 세대》라는 책이

유행했던 시절, 나는 그 주인공처럼 살고 있었다. 많지 않은 금액이지만 '괜찮다'고 타협하니 적지도 않았다. 평일 식비는 회사에서 해결, 잠은 친구 집에서 적은 돈을 내고 신세를 졌다. '괜찮다'고 생각하니 괜찮던 급여도 시간이 지나니 괜찮지 않았고, 같은 생활을 반복하며 매너리즘에 빠져 이직을 고민했지만, 금세 현실에 안주하기를 여러 번 반복했다. 그렇게 111개월, 9년 3개월이 흘렀다.

직장 생활은 꽤 즐거웠다. 조직문화는 꽤 자유로웠고, 동료는 꽤 괜찮았다. 상사에게는 꽤 배울 것이 많았고, 하는 일들도 꽤 자부심을 심어줬다. 좋은 곳에서 좋은 동료들과 좋은 일을 하는 나도 꽤 괜찮아 보였다. 하지만, 듣기 좋은 말도 한두 번, 먹기 좋은 반찬도 매일 먹으면 지겹듯, 이미 가진 것 또는 매일 경험하는 것들의 존재는 당연하고 무덤덤해졌다. 꽤 괜찮고, 꽤 좋은 문화, 사람, 일을 10년 가까이 접하니 좋은 게 무엇인지, 진짜 좋긴 한 건지 체감하기 어려웠다.

변하지 않는 것은 '변하지 않는 것은 없다'는 말뿐이다. 가치 있고 소중하고 감사한 일상은 어느 시점부터 더 이상 전과 같지 않았다. 타성은 무서웠다. 이미 가진 것은 더 이상 소중하지도, 가치 있지도 않았다. 반짝반짝 빛나던 매력은 사라졌고, 나는 지쳐 있었다. 대학교 졸업도 전에 입사한 회사, 사원으로 시작해 책임까지 꼼짝 않고 출근 도장 찍던 회사, 퇴근하면 컴컴한 골목을 지나 어김없이 마주한 방 한 칸의 원룸. 내 한 몸이 기계 부속품 같았다. 시간에 따라 회사에 출근했다

퇴근 시간에 맞춰 집에 들어가는 무언가가 되어버렸다. 내 안에 뜨거운 심장이 움직이지 않았다. 심장에 온기가 식은 느낌이었다. 주체성을 잃고, 주인 잃은 몸뚱어리를 세상이 짜 놓은 판에서 움직이고 있었다. 나를 잃어버린 채로.

[번아웃 증후군 burnout 症候群]
일에 몰두하던 사람이 극도의 스트레스로 인하여 정신적, 육체적으로 기력이 소진되어 무기력증, 우울증 따위에 빠지는 현상.

2012년 즈음, '번아웃', '워라밸' 등의 말이 유행했다. 그 시류를 담은 단어를 입 밖으로 내뱉는 것만으로도 카타르시스를 느꼈다. 당시 내가 앓은 것이 바로 '그것'이었다는 걸, 지금에서야 명확히 말할 수 있다.

"번아웃"이라는 보기 좋은 핑계를 "퇴사"라는, 그간 한 번도 해보지 않은 방법으로 해결하는 것은 지금 생각하면 무모했던 나의 솔루션이자 합리화였다. 나와 회사를 때로는 팽팽하게, 때로는 느슨하게 이어주던 그 선을 '퇴사'라는 말로 끊어냈다.

일생일대 처음 겪는 '퇴사'는 생각보다 쉽고 막힘없었다. '그만둘까, 말까'를 10년 동안 고민한 것과는 다르게, 던져진 사표는 일사천리로 수리됐다. 퇴사 8개월 전에 결혼했고, 회사를 그만두기 두 달 전 첫아이와 가슴 아픈 이별을 했다. 돈보다 중요한 건 가정, 즉 나의 삶이라는 결론을 내렸다. 이 때문인지 회사에서도 날 잡지 않았다. 독한 마음을 더는 품을 수 없었다. 서운할 정도로 순조롭게 나는 첫 직장을 그만뒀다.

사무실을 돌며 그간 같이 일한 직원들과 작별 인사를 나누었다. 그때까지만도 말짱했다. 끝나지 않을 것 같은 이야기의 끝을 낸 기분이었다. 시원섭섭한 마음으로 주차장에서 나를 기다리던 신랑 차에 올라탔다. 당시만 해도 다소 낭만적이던 신랑은 노란색 프리지어 한 다발을 내게 건넸다. "축! 퇴사를 축하합니다." 꽃다발 리본에 적힌 문구가 아직도 기억에 선명하다. 세상에 축하할 일이 이리 없을까! '퇴사'를 축하한다니. 그래, 축하할 수도 있다. 하지만 당시의 내 감정을 열 글자와 컬래버레이션하기는 너무 역설적이었다. 저마다의 인생에 가장 아름다운 20대, 온 마음 최선을 다한 시간이 엄청 압축적으로 "빤짝!" 하고 아주 빠르게 지나갔다. 조금의 여운을 느낄 틈도 없이 빛처럼 빠른 순간이었다. 대신 그 아쉬움이 눈물로 터져 나왔다. 어린애처럼 엉엉 울어버렸다. 그토록 바란 퇴사가 그리 슬프다는 걸 겪고야 알았다.

울고 웃던 애증의 회사 생활. 좋은 사람들과 좋은 시간을 보내며 많이 배우고 성장했다. 그리고 만 15년 만에, 다시 고향으로 내려갔다. 좋은 사람들이 있었기에 111개월을 행복하게 완주할 수 있었고, 그들과의 인연은 내게 큰 자산이 되었다.

그리고 지금은 그 시간을 간절히 추억한다.

## Part 2.
### '엄마'라는 이름의 무게

My name is 엄마
— 현실 육아 56개월의 생존기

## 4. 엄마로 산다는 것

　내 이름 석 자로 살아온 직장인 111개월은 큰 행복이자 축제의 기간이었다. 아쉬운 게 있다면 그때는 몰랐고, 애 둘을 낳고 키우는 지금에야 '호시절'임을 깨달았다는 것. 오롯이 내가 주체가 되어, 나를 중심으로 온 세상을 움직이던 그때. 하루 24시간을 소진하는 데 내가 1순위던 시절이 이렇게 그리울 줄 몰랐다.

　고등학교를 졸업하며 부모님 품을 떠났다. 독립이다. 단 19세 성인으로서, 선택한 일에 온전히 책임지는 것, 결심 또는 작정한 것을 철저히 지켜내는 일로 시간을 채웠다. 책임감이 동반되는 이유로, 과감하거나 대단한 선택을 하지 못했던 것 같다. 온전히 감당하고 소화할 수 있는 정도의 선택과 판단의 반복, 그 과정에서 큰 변화는 없었다. 선택에 대한 무게를 견디며 안전지대를 벗어나지 못했다.

직장 생활의 시작 2007년 1월 2일, 경제적 수입을 창출하며 진정으로 '독립'했다. 부모님께 더 이상 1원 한 푼도 손 벌리지 않았다. 매월 통장에 꾸준히 찍히는 월급이 감사하고 소중했다. 월급이 크지 않지만 다행히 씀씀이도 크지 않은 덕에 차곡차곡 돈을 모아 나갔다. 돈을 버는 것에 대한 대가, 일과 사람 때문에 스트레스 받는다고 징징대던 내 모습을 후회한다. 나를 통제하면 이루거나 지킬 수 있던 그때, 다시 돌아갈 수 없어 더 소중하게 느껴지는 그때로 가끔은 돌아가고 싶다. 단, 지금의 생각을 그대로 갖고 타임머신을 타고 싶다. 그럼 지금과는 다른 삶을 살고 있을 텐데! 하는 아쉬움이 짙다. 불가능한 일이란 걸 알기에, 그래서 더 간절하다. '늦었다고 생각하는 때가 가장 빠르다'는 말처럼 지금이 제발 이른 날이길 바란다.

　나는 아기를 좋아한다. 아니, 좋아했다! 꽤 어릴 적부터 아기를 좋아했지만, 내 아이를 키우면서 "좋아했었다"라는 대과거형으로 시제를 바꾸는 게 맞을 것이다. 옆집에 세 들어 살던 어린 시절, 초등학교 2학년 때도 주인집 아기를 돌보는 일이 즐겁고 행복했다. 당시 3살 된 사촌 동생을 안아서 봐주다가 너무 예쁘고 귀여운 나머지, 뽀뽀하다 볼을 깨물어 버리기까지 했다. 초등학교 5학년 때는 옆집 할머니 손녀딸에게 피아노를 가르치며 아이와 나누는 시간이 좋았고, 길에 가는 어린아이만 봐도 예뻐서 눈을 떼지 못했다. 하물며, 내가 낳은 아기는 얼마나 이쁠까? 어린 시절에도 궁금하고 또 궁금했다.

시간이 흘러 34살, 첫아이를 품에 안았다. 두 살 터울로 남매맘이 되었다. 첫아이를 낳고 병원 침상에 누워있는데, 지금까지 내가 살던 세상과는 전혀 다른, 완전히 새로운 세상에 있는 느낌이었다. 내가 낳은 내 아이는 정말정말 너무너무 무지무지 귀하고 이쁘고 사랑스러웠다. 똥 하나, 오줌 한 방울 버리지 않고 간직하고 싶을 만큼 강한 모성애와 사랑이 시작됐다. 세상에 감사한 마음이 가득했다. 그렇게 나는 "엄마"가 되었다.

하지만 "엄마의 현실"은 상상도 못 할 만큼 힘들고 어려운 일임을 몸소 느끼고 깨달았다. 만 36개월까지는 엄마 손으로 아이를 보는 것이 아이 정서에 좋다는 말을 실천하고 싶었다. 그렇게 만 5년 동안 길고 긴 가정 보육을 시작했다. 온전히 아이 둘에게 집중하며, 앞만 보고 달리는 경주마처럼 아이들만 바라보며 지냈다. 다른 데 눈 돌릴 겨를도 없었지만, 굳이 그런 생각이 들지도 않았다. 돌이켜 보면 맹목적인 사랑, 혹은 종교에 빠진 사람처럼 "내 삶 = 아이 둘"이라는 등식으로 시간을 보냈다.

지금 생각해도 참 신기하다. 나는 꽤 외향적이고, 밖에서 에너지를 얻는 사람이라는 걸 알기 때문이다. 그런 내가 집 안에서 온전히 아이 둘을 돌보며 가정에만 올인했다는 사실이 스스로도 믿기지 않는다. 결혼 후 집에서 살림하고 육아하는 내 건강을 걱정하며 챙겨주는 이들도 있었다.

'고작 아이 둘 키우는 게 뭐가 힘들어?'라고 생각하는 다자녀맘이나 홈스테이 중인 엄마도 있을 터. 전업맘이든 워킹맘이든 상관없이, '이 땅의 모든 엄마는 위대하다'고 아름답게 말하고 싶다. 아이 둘을 유치원과 어린이집에 각자 보내고 나서야 알았다. 혼자 하는 육아가 절대적으로 어렵다는 것을. 두 아이를 기관에 보내고 지금까지 경험하지 못한 전혀 다른 세계를 느꼈다. 몸과 마음에 여유가 꽃피고, 숨을 쉬어도 그전과는 완전히 다른 공기를 마시는 듯했다. 아이 둘과 24시간을 온전히 살아내던 내가, 지금 생각해도 정말 신기할 따름이다. 돼지고기도 맛있지만, 이것만 먹어보고 '세상에서 가장 맛있는 건 돼지고기야'라고 단정할 수 없듯이, 육아도 마찬가지다. 두 아이를 기관에 보내고 나는 '또 다른 의미의 행복'을 느꼈으며, '엄마가 행복해야 아이도 행복하다'는 절대 진리를 온몸으로 경험했다.

   한편으론, 그간 두 아이를 집에서 돌보며 엄마로서 일방적인 규칙을 만들어 그들의 자유를 뺏고 통제하기 급급했던 건 아닌지 반성도 했다. 동시에 과거의 내 모습을 돌이켜 보며, 24시간 아이 둘을 끼고 아등바등한 모습이 안쓰럽고 어리석게 느껴졌다. 아이 둘과 집에서 온종일 비비며 행복했어도, 마냥 행복했다고 말하기엔 무리가 있다. 하지만 타임머신을 타고 과거로 돌아갈 수 있다면, 여전히 같은 선택을 고수할 나를 잘 알고 있다.

   육아에 대한 노고도 '질량 보존의 법칙'이 존재한다. 몸이 힘드냐, 마음이 힘드냐 차이일 뿐, 그 총량은 100으로 똑같다. 가만히 누워만 있을 때가 정신적으로는 수월했던 것 같다. '놀먹잠(놀고, 먹고, 자고)' 패턴으로 놀아주면 됐으니까. 물론 아이 욕구를 기반으로 움직이지만, 엄마가 이끄는 대로 제법 잘 따르는 그때만의 행복이 있다. 단, 엄마는 아이의 팔다리 역할을 대신해야 하기에 몸은 더 힘든 시간이다. 아이가 성장하며 전과는 다르게 몸은 편한데 정신적인 고충이 짙어지는 때가 있다. 같은 상황에서도 아이와 엄마의 생각 차이가 있고, 이로 인해 같은 말을 여러 번 되풀이하거나, 다른 방식으로 설득하는 등등 이전과는 다른 육아 세계가 펼쳐진다.

햇수로 결혼 10년 차, 엄마 8년 차가 되고야 알았다. 오롯이 나만을 위해 살던 지난 시간이 얼마나 값지고 소중한지를. 지금은 마냥 행복하게만 그리는 직장인 시절도 '매너리즘', '번아웃'이라는 혼돈의 카오스가 있었다. 미혼 시절 너무도 간절했던 '결혼'이지만 이 세계의 빌런은 '육아'가 아닐까 싶다. 대표적인 에피소드를 기록한다.

### Ep 1. 애 둘과 노는 천하장사 엄마

인생은 레버리지다. 돈이 없으면 몸으로 때우고, 몸을 움직이면 시간은 버리지만 돈을 아낄 수 있다. 돈 또는 시간을 선택하고 치환하는 과정을 살고 있다. 외벌이 가정의 애둘맘은 돈은 없고 시간은 있다. 육아와 함께 내 시간을 쓰는 엄마로서, 당장은 돈보다는 몸을 쓰는 것이 현실적이다.

  24시간을 미취학 아동을 돌보는 일은 생각보다 어렵다. 키즈카페, 박물관, 관광지 등등 좋은 곳들도 많다. 하지만 '움직이면 돈'이라는 진리는 자명하다. 우선 집 밖으로 나가는 순간 집에서 해결할 수 있는 일들의 대체제가 너무도 많다. 유혹도 많다. 이를테면, 집에서는 목마르면 물을 마신다. 밖에 나가면 음료수, 아이스크림, 심지어 물도 사서 먹는다. 준비성 철저한 엄마는 간식을 바리바리 싸 가지만 이 또한 손이 많이 간다. 아이들과 움직이며 많은 짐을 갖고 다니는 것도 쉽진 않다. 챙길 것이 너무 많다. 몸의 수고로움을 덜기 위해 사 쓰는 것이 제일 편하다. 하지만 '아이들을 위한 건데, 어때? 이러려고 돈 벌지'라기에는 외벌이 가정의 수입이 빤하다. 부자가 되기 위해서는 3가지 방법이 있다. 안 쓰거나, 더 벌거나, 둘 다 하거나. 수입을 늘리는 게 당장 어렵다면, 지출을 줄여야 한다. 몇 년째 쓰는 가계부는 필수요, 단돈을 쓰더라도 맞는 소비인지 생각하고 아끼는 지혜가 필요하다.

  에너지 발산, 체력 증진, 정서 관리 등 다양한 이유로 아이들에게 바깥 놀이는 꼭 필요하다. 실제로 자연을 가까이하며 '초록'을 많이 접한 아이들이 더 행복하다는 연구 결과도 있다. 이런 이유들로 아이들과 함께 밖으로 나가게 된다. 아파트 단지 내 산책이나 인근 공원을 걷는 것만으로도 아이들에게는 훌륭한 놀이가 된다. 특별한 프로그램이 없어도 길가에 핀 꽃이나 땅 위의 벌레를 관찰하는 것만으로도 아이들은 새로움을 느끼고, 엄마와 자연스럽게 대화할 수 있다.

 우리 아파트의 가장 큰 장점은 큰 나무들이다. 첫째 아이를 뱃속에 품고 아파트 단지를 거닐 때, 마치 작은 수목원에 온 듯한 기분이 들 정도였다. 봄에는 꽃나무, 여름에는 곤충 채집, 가을에는 단풍 구경, 겨울에는 눈놀이를 하며 계절의 변화를 풍요롭게 느낄 수 있다. 자연과 함께하는 즐거움이 제법 크다. 집이 아무리 포근하고 편안해도, 아이들의 꿈과 활동을 최대한 키울 수 있는 바깥 놀이만큼 좋은 것은 없다. 건강도 챙기고, 기분도 좋아지며, 큰돈 들이지 않고도 아이들과 즐거운 시간을 보낼 수 있다. 놀이터, 공원, 아파트 단지 산책, 도서관, 마트, 시장 방문, 집 안에서 오리기와 만들기, 책 읽기 등 몸을 조금만 움직이면 가능한 일들이 많다. 시작은 다소 귀찮을 수 있지만, 막상 움직이면 아이들도 좋아하고, 엄마 역시 아이들과 함께한 시간만큼 보람과 에너지를 얻는다. 나는 그랬다.

 너무 아끼다 보면 인생이 팍팍해지는 것을 느낀다. 매일 집에서 허리띠만 졸라매기에는 아이들이 보고 즐길 거리가 너무도 많은 세상이다. 가끔은 일탈도 필요하다. 꽤 즉흥적인 엄마는 순간순간 기분에 따라 찾아오는 일탈을 종종 온몸으로 즐긴다. 아이들은 방학이고, 신랑은 출근한 어느 날, 아이 둘과 무얼 하면 좋을지 생각했다. 방학이라고 딱히 해준 것도 없고, 시간은 남고, 일한다고 잘 놀아주지 못한 것도 미안했다. 그래서 출발했다. 대전 아쿠아리움으로!

왕복 4시간을 달렸다. 온 가족이 함께 간 적은 있지만, 아이들만 태우고 고속도로를 달린 건 이번이 두 번째다. 갑작스러운 '아쿠아리움' 소식에 아이들은 신이 났다. 차에서 먹을 간단한 간식과 생수를 챙기고, 지체 없이 출발했다. 지금 필요한 건 스피드! 속전속결로 차에 올라 대전으로 향했다. 아침 먹고 일찍 출발하는데도 항상 점심시간이 애매하게 겹치는 이상한 스케줄, 오늘도 예외는 아니었다. 아쿠아리움에 들어가기 전, 공주휴게소에 들러 잔치국수와 공깃밥을 시켰다. 반찬은 단무지 하나. 그래도 잘 먹는다. '지금 안 먹으면 간식 금지'라는 규칙을 추가하니 효과는 배가 된다. 사실 지금 잔뜩 먹지 않아도 좋다. 시장이 반찬이라고, 이번에 적게 먹으면 다음 끼니를 그득 먹을 것을 알기에 걱정 없다. 한 끼 정도야 아이들 기분에 맞춰 살짝 양보했다.

혼자 애 둘을 감당하기에 대전 아쿠아리움은 꽤 넓다. 그래서 챙겨 온 쌍둥이 유모차 덕에 살았다. 예상대로 다리가 아프다고 성화인 아이들. 유모차를 놓고 왔으면 정말 큰일 날 뻔했다. 둘째가 태어나며 산 쌍둥이 유모차는 그야말로 효자템이다. 여차저차 신랑 없이 우리끼리였지만, 큰 어려움 없이 잘 놀고 즐거운 시간을 보냈다. 아이들도 아빠가 없는 걸 알고 잘 협조해 준 덕분인지, 이런 날은 오히려 넷보다 셋이 더 편하다. 이렇게 또 나의 육아 레벨이 한 단계 올라간 것 같다. 집으로 돌아오는 길, 발걸음이 참 가벼웠다. 아이들이 잘 놀고 행복해하는 모습을 보니, 엄마로서 아이들의 웃는 시간을 만들어줬다는 생각에 기분이 좋았다. 차에서 쪽잠 잔 아이들을 데리고 마지막 코스로 집

근처 마트에 들렀다. 간식을 하나씩 입에 물리고, 저녁 먹으러 드디어 집에 도착.

식사 전까지 아이들을 깨끗이 씻기고 정리할 일이 남았다. 오가며 쪽잠 잔 아이들은 밤잠이 늦다. 보통 9시 전 잠드는 아이들은 밤 11시가 되어야 잠이 든다. 고단한 엄마는 아이들보다 더 일찍 잠이 들었고, 새벽 1시에 일어나 밀린 집안일을 마치고 책을 보고 일을 한다. 육아는 체력전이다. 육아, 가사, 일까지 모두 해내려면 체력은 물론 시간 관리도 필요하다. 그럼에도 불구하고, 즉흥적인 엄마에게는 오늘처럼 예상치 못한 노고가 따르기도 한다. 즉흥적인 엄마의 하루는 종종 이렇게 마무리된다.

세상을 불행하게 사는 가장 쉬운 방법은 '비교'다. 그래서 비교하지 말자고 다짐하고 다짐하지만, 때로는 본의 아니게 비교하게 된다. 아이들과 집에 있을 때, 이따금 무료함을 달래는 방법은 지인과의 영상통화다. 또래 비슷한 아이 엄마와의 통화는 적적함을 달래고, 아이들끼리의 소통도 되기에 종종 이용한다. 그런 어느 날, 외동아들을 키우는 친구와의 영상통화에서 서글픔을 느꼈다. 친구는 '남편, 친정엄마'까지 해서 어른 셋이 아이 하나를 보고 있었고, 나는 혼자 두 아이를 돌보고 있었다. 자녀 수가 많고 경제적으로 넉넉하지 못한 시대를 산 엄마 세대에게 지금의 육아가 어렵다고 말하면 공감받지 못한다. 하지만 요즘은 부모나 육아도우미가 육아를 대신하는 경우가 많다. 손이 많을수록 육아는 수월하다. 특히 일하는 엄마는 아이에게 언제 닥칠지 모르는 변수 에 대비해야 하기에, 누군가의 도움이 절실하다. 나도 그렇다. 교육 일정에 아이가 갑자기 아프거나, 등하원이 어려운 경우 나 혼자 날고뛰어도 해결할 수 없다. 신랑이나 친정엄마 또는 지인의 손을 빌려야 일을 할 수 있다. 하지만 다른 사람의 시간을 빌리는 일이 쉽지 않다. 우선 시간 가능한 사람을 찾아야 하고, 이들에게 보상을 해야 한다. 나와 상대가 마음 편하고 기꺼이 움직일 수 있는 구조를 만들어야 한다. 나는 프리랜서다. 스케줄 없는 날은 오롯이 엄마로서 일당백을 해낸다. 일복이 터진 건지, 일을 만드는 건지 여하튼 나는 참 바쁘게 산다. 가만히 있으면 불안하고, 무언가 자꾸 하고 싶고, 움직여야 직성이 풀린다. 그게 일이든, 공부든 가마니처럼 가만히 있을 수 없다. 그렇게 오늘도 움직인다. 움직이면 무엇이든 변한다. 그렇게 하루하루 바쁘게 지내는 내가 좋다. 오늘도 일당백! 파이팅!!!

### Ep 2. 대화가 필요해

시간이 지날수록 "이건 찐이다"라고 느끼는 것, 바로 "대화"다. 우리 몸도 피가 막힘 없이 돌아야 건강하듯, 사람 사이에도 말이 통해야 관계가 유지된다. 대화, 즉 커뮤니케이션을 잘한다는 것은 단순히 '말을 잘하는 것'이 아니라, 상호작용이 잘 이루어지는 '티키타카'가 중요하다. 나도 즐겁고 너도 즐거운, 서로에게 유익함을 주는 것이 좋은 대화라고 생각한다. 연인, 부부, 친구, 비즈니스, 가족 간 대화 모두 예외는 없다.

두 남매가 7살, 5살이 되었을 때는 놀기도 잘하지만 싸우는 것도 훌륭하다. 보통은 한 아이가 다른 아이에게 비협조적일 때, 쉬운 말로 '괴롭힐 때' 다툼이 시작된다. 행동으로 촉발된 갈등은 언쟁으로 확산되고 화를 내거나, 짜증을 내거나, 울거나 등등의 언어가 오간다. 그 말들을 듣고 있노라면 엄마는 화가 난다. 주의를 주고 잘 타일러도 미취학 아동의 갈등은 쉬이 사그라들지 않는다. 그리고 반복된다.

아이가 둘이니 화자도 청자도 '따블(double)'이다. 1:多 구조의 대화는 엄마를 반성하고 성찰하게 만든다. '내 그릇이 이만큼이구나, 난 이만큼밖에 할 수가 없구나.' 어떨 때는 소리 내어 엉엉 울기도 하는 엄마가 됐다. 아이들의 화살은 엄마뿐 아니라, 서로를 향해서도 늘 분주하다. 잘 놀다가도 왜 꼭 부딪히는지, 잘 크고 있다는 신호기도 하고, 그만큼 자아가 강하다는 척도로도 이해할 수 있으련만. 마찰이 생길 때마다 확산되는 소음, 짜증, 울음은 예민한 엄마에게 더 큰 시련으로 다가온다.

'하지 말라는 건 하지 않기', '큰 소리 내지 않기' 등의 규칙을 지킬 수 있도록 꽤 많이 알려주었다. 그럼에도 행동이 나아지지 않고, 앵무새처럼 같은 말을 반복하는 내 자신을 인지할 때 화가 머리끝까지 치밀었다. 이럴 때는 아이에게 매서운 화살이 가기 일쑤다.

육아서에서 배운 '엄마의 따발총 세례를 막을 수 있는 두 가지 방법'

이 있다. 육아서로 익힌 치트키를 공개하자면, 첫 번째는 혀를 깨문다. 두 번째는 물 한 잔을 마시는 것이다. 이렇게 감정이 최고조에 달했을 때 아이에게 쏟아낼 수 있는 나쁜 말을 예방할 수 있다. 문제는 이러한 사실을 알고 있으면서도 엄마의 잔소리가 쉽게 멈추지 않는다는 점이다. 아는 것과 실천하는 것은 역시 다르다는 것을 늘 느낀다.

'올바른 대화, 행복한 대화'는 여전히 난제다. 해결해야 하지만 해결이 쉽지 않은, 나뿐만이 아니라 우리 가족 모두가 고민하고 노력해야 할 문제다. 행복한 가정을 이루고 싶다. 행복한 가정을 위해서는 대화가 잘되어야 한다고 생각한다. 그래야 통하는 우리를 만들 수 있다. 통하는 우리는 서로를 잘 이해하고, 상대방 입장에서 생각할 수 있다. 그렇기 때문에 우리는 행복한 대화를 하기 위하여 늘 노력하는 지혜가 필요하다.

## 5. 아픈 만큼 자라는 아이, 그리고 엄마

### Ep 1. 소아과 VVVIP 단골이 되다

아이들은 아프면서 자란다지만, 아파도 너무 자주 아픈 아이들. 아이가 둘이니 망정이지, 셋 또는 넷이었으면 어땠을까, 생각만으로도 다자녀 부모님이 존경스러워질 정도다. 하늘은 감당할 정도의 시련을 준다고 했다. 그래, 하늘이 내린 나의 그릇은 딱! 여기까지. 남매맘이 최선이라고 받아들인다. 이 땅의 모든 엄마들은 위대하다!

첫째가 22개월 되는 2019년 3월, 우리 집 1호를 가정어린이집에 보냈다. 당시 등원 거부가 너무 심해서 매일매일 등원하는 길이 전쟁이었다. 만 36개월까지는 가정에서 엄마의 정을 듬뿍 주자는, 꽤 전통적인 육아관을 고수하고 싶었다. 하지만 둘째를 계획하면서, 육아 SOS를 칠 곳이 없던 내게 남은 선택지는 단 하나뿐이었다. 바로 아파트 단지 내 어린이집. 그리고 시작된 병원행….

콧물로 시작된 감기는 기침을 유발했고, 기침이 오래가면 기관지염으로 이어졌다. 여기서도 멎지 않으면 폐에 무리가 가서 결국 폐렴으로 번졌다. 여름이면 수족구, 장염 등 각종 바이러스 질병은 물론, 5일까지 열이 내리지 않는 열감기도 있었다. 아이러니하게도 수족구 예방책에 고등어 섭취가 포함되어 있다. 고등어를 좋아하고, 반찬으로도 늘 잘 먹는 아들을 보며, 이 예방 수칙이 잘못된 것 같다는 생각이 들었다. 물론 애바애(애 by 애)겠지만. 고등어를 잘 먹음에도 불구하고 수족구 시즌만 되면 어김없이 수족구에 걸렸고, 열 손가락도 모자라 열 발가락까지 합쳐 총 20개의 손발톱이 빠지고 다시 나는 고통을 겪은 뒤에야 수족구가 사라졌다. 유행도 아닌 시즌에 다시 찾아오는 것도 한스러울 만큼 싫었다. 게다가 100일 갓 지난 동생에게까지 옮겨 내 속을 타들어 가게 만들었다.

*"비염은 환경적인 거라 어쩔 수 없어요."*

특정 질환이 아니어도 누런 콧물, 맑은 콧물이 끊이지 않아 병원을 계속 찾았다. 사는 지역에는 공장이 많고, 중국발 황사와 미세먼지로 인해 비염이 고질적이라는 소아과 선생님의 절망적인 이야기를 들으며, 공기 질이 좋지 않은 곳에 아이를 키우는 것이 너무 미안했다. 10개월 동안 이어진 병원행의 원인, 지역의 운명론 속에서 산 시간. 코로나로 인해 어린이집을 그만두고 나서야 비로소 알게 되었다. 환경적 요인일까? 어린이집을 그만두자 10개월간 이어지던 지긋지긋한 비염이 말끔하게 나았다. 비염은 물론, 그 어떤 병치레도 없었다. 여러 아이들이 함께 생활하는 어린이집이 각종 바이러스의 온상지라는 사실을 그제야 깨달았다.

코로나 창궐 이후 시작된 긴긴 가정 보육 기간, 아이들의 잔병치레는 신기하게도 뚝 끊겼고 그렇게 영영 잠잠할 것 같던 병원 방문은 애석하게도, 엄마가 일을 시작하며 다시 시작됐다. 일주일에 한 번 비염약을 받으러 병원에 갔다. 비염은 기본이요, 기관지염이나 후두염 등 합병증 또는 복합감염도 빈번했다. 엄마는 마음이 아프다. 아픈 마음만큼 몸도 고되다. 아이 둘의 병원비와 약값도 쌓이니 무시할 수 없는 부담이었다. 첫째의 7살 생일을 보내고, 병원비와 약값도 소폭 올랐다. '어린이 졸업'이라는 의미가 반갑고 영광스럽지만, 동시에 돈을 더 많이 벌어야겠다는 생각도 든다.

아이 둘을 키우다 보니 외동에 비해 병원 방문도 두 배로 많다. 한 명이 아프면 남은 한 명도 따라 아픈 일이 다반사였다. 도대체 병원을 얼마나 더 다녀야 하는 걸까? 아픈 만큼 성숙하고 아파야 청춘이라지만, 이제 좀 그만 아프길 바라고 바란다. 그간 얼마나 많은 시간을 소아과에서 보냈는지 궁금해 가계부를 들춰보니 방문 횟수만 총 200여 번에 달했다. 둘째 16개월 때 요로감염으로 대학병원을 찾았던 일, 첫째 급성 장염으로 역시나 대학병원을 찾았던 일 등 일부 기록을 제외하고도 8년 동안 200회 넘게 병원을 찾았다. 선생님은 물론, 간호사 분들까지 우리 아이들과 나를 기억할 정도로 우리는 VVVIP였다.

이렇게 병원을 줄기차게 다닌 경험을 바탕으로 얻은 꿀팁을 기록한다.

### Ep 2. 잔병치레, 이렇게 해결했어요!

* 경험을 바탕으로 한 주관적 견해임을 참고 바랍니다:]

#### 꿀팁1  병원비 절약

병원비와 약값도 할증 시간이 있다. 급하지 않을 때는 할증 시간을 피해 병원과 약국을 이용하면 돈을 아낄 수 있다. 물론 아이가 너무 아프고 위급한 경우는 바로 병원에 가야 한다. 상황은 늘 다르겠지만, 할증 정보를 알고 모르고에 따라 진료비가 들쭉날쭉할 수 있다는 사실만 기억하면 좋겠다. 의료비 할증 개념을 알고 병원 방문 시간을 고려하는 나를 봤기 때문이다. 아이가 둘이니 병원비와 약값이 늘 2배, 할증이 붙으니 비용 차이가 확연하다. 등원 전에 진료 보고 마음의 평화를 얻으려고 부지런을 떨었다. 할증비를 알고 나서는 오후 시간대 진료를 보게 되는 나. 짠순이 DNA는 어딜 안 간다. 병원비와 약값도 더 블인데, 할증 붙고, 아이들과의 평화를 위하여 협상할 비타민 젤리까지 결제하면 조금 과장한 외식비가 나오니⋯ 나는 우리 가정의 일명 '재무부 장관'으로서 더 긴장 타고 애써야겠다는 각오를 해본다.

> **[ 진료비 약제비 가산제도 ]**
>
> 평일 오전 9시 이전, 오후 6시 이후 그리고 주말, 병원비와 약값 모두 30% 할증된다고 한다. 종합병원은 예외. 처방받지 않은 일반 의약품도 제외.

### 꿀팁2) 7세 미만이 겪는 주요 질병

비염은 꽤 많은 합병증을 동반한다.

a. 코감기 : 맑은 콧물로 시작해서 누런 콧물로 심해진다. 코막힘, 코 통증을 호소한다. 비염 알러지 약이나 심하면 항생제를 처방받고 복용하면 좋고, 잠잘 때 올바스칠드런 또는 올바스오일을 목 뒤에 뿌려주면 코막힘을 일부 해결할 수 있다.

b. 기침 : 비염이 심하면 콧물 양이 많다. 특히 잘 때 일시적으로 기

침이 많아지는 것은 비염이 원인이다. 자기 전 따뜻한 물로 코 세척을 하거나 낮 시간 코를 자주 풀어주는 것이 기침을 줄이는 데 도움된다. 물론 비염을 치료하는 비염 알러지 약과 필요에 따라 항생제 복용이 필요하다. 비염이 계속되는데 약을 중간에 끊으면 증상은 재발되고, 계획보다 약을 더 오래 먹는 일을 초래한다.

 c. 기관지염 : 코감기→기침→기관지염, 기침이 심한 경우 기관지에 무리가 갈 수 있다. 기침할 때 아이가 가슴 통증을 호소하면 기관지염으로 번졌을 수 있다. 이때는 소염제를 처방받아 복용하면 도움이 된다. 아이에 대한 관심과 관찰이 큰 병을 막을 수 있다.

 d. 후두염 : 코감기→기침→기관지염 또는 후두염, 비염으로 시작해서 여러 가지 합병증을 유발할 수 있다. 기침할 때 '컹컹' 소리가 나거나 열이 난다. 증상이 달라진다면 병원에 가서 의사 진료를 보는 것이 가장 안전하다.

 e. 폐렴 : 바이러스성 폐렴일 수도 있지만, 비염→기침→기관지염 또는 후두염→폐렴으로 번질 수 있다. 기침이 심하고 열이 나면 바로 병원에 가서 확인하는 것을 추천한다.

### (꿀팁3) 비염 외 자주 겪는 질병

 a. 열감기 : 해열제 복용 후에도 5일 동안 열이 오르락내리락 반복

한다. (보통 열이 2일 이내 내릴 시 큰 병으로 번지지 않음. 2일 초과 시 바이러스 투입 또는 다른 병을 의심할 수 있음. 병원 내방 후 의사 진료 필요.)

b. 아데노바이러스 : 손 빨기, 손톱 깨물기, 장난감 입에 넣는 등의 습관이 동반될 때 온다. 바이러스가 입 또는 코로 들어와 일으키는 질병이다. 병의 시작은 '열'이다. 아데노바이러스는 해열제로 잡히지 않는다. 스테로이드제를 투입해야 열을 잡을 수 있다. 아데노바이러스는 면역 체계가 없다. 근본적으로는 입 또는 코로 더러운 손을 가져가는 아이의 습관을 교정하는 것이다. 습관을 잡지 못하면 질환을 재발할 수 있다. (3살 때까지 쪽쪽이를 빨고, 7살인 지금도 애착 인형을 안고, 손톱을 깨무는 아들의 단골 병치레. ㅜㅜ)

c. 수족구 및 구내염 : 열과 수포를 동반한다. 한번 걸리면 계속 걸리던 지긋지긋한 이 병. 역시 더러운 손을 물고 빠는 습관을 고치는 것이 우선이라고 생각한다.

d. 장염 : 장염은 5일은 고생한다. 외부에서 들어온 세균을 배출해내는 것 외에는 방법을 못 찾았다. 돌을 갓 지난 딸은 자면서도 기저귀에 변을 봤고, 대변 기저귀를 가는 중에도 잠에서 깨지 않았다. 지사제를 비롯한 병원 약을 먹여도 차도 없는 증상은 정확히 5일을 앓아야 말끔하게 끝난다. 5일이 기적, 장염. 늘 먹는 음식, 입에 들어가는 것

을 주의하자. 그것이 손이든, 장난감이든, 음식이든 간에! (토하는 장염도 있다. 기침을 하다 토하기도 한다. 잔병… 왜 이리 많은 거야…. ㅜㅜ)

e. 독감, 코로나 등등 : 어린이집처럼 기관, 집단생활을 하면 어쩔 수 없나 보다. 하지만 종종 튼튼한 아이들도 많다. '엄마 젖을 잘 먹어서 그래. 면역력이 좋아서 그래' 등등 많은 카더라가 있다. 면역력 챙긴다고 비타민, 유산균, 홍키통키 등등을 먹이며 노력하지만 큰 효과는 못 봤다. 때 되면 다 낫는다는 지론. 그 말을 믿을 뿐.

### 꿀팁 4  작은 증상, 방심하면 돈도 시간도 더 커진다

중고차를 사고 가장 많이 간 곳은 소아과였다. 두 살 터울 남매를 쌍둥이 유모차에 태우고 여기저기 자주 다녔다. 유모차 적재중량은 이미 초과된 지 오래였다. 여름날, 두 아이를 유모차로 실어 나를 때면 땀과 허리 통증, 그리고 눈물이 앞을 가렸다. 그래도 꾸역꾸역 다녔다. 택시 타기엔 가깝고, 걷기엔 먼 애매한 거리였지만, 추우나 더우나 쌍둥이 유모차와 함께했다. "엄마는 강하고 위대하다"는 말을 되뇌며, 눈물샘이 뜨거워지곤 했다.

아이들을 어린이집에 보내고 병원 가는 날이 늘었다. 아이들은 비염이 끊이지 않고, 기관지염, 각종 유행병 등에 자주 걸렸다. 아이들은 무거워지고, 병원 갈 날은 늘고, 엄마는 늙어간다. 쌍둥이 유모차가 버거워지던 때, 일을 준비하며 장만한 중고차 '아방이'가 정말 요물이었다. 삶의 질이 달라졌다! 차를 사고 초반에 가장 많이 들른 곳은 '소아과'다. 소아과를 다니며 운전 연수를 했다고 해도 지나치지 않다. 덕분에 병원을 더 자주 다녔다. 병원 가기까지의 수고가 줄어드니 조금만 아파도 미리미리 병원에 갔다. 호미로 막을 것을 가래로 막는 일을 만들지 않았다. 증상이 경미할 때 진료받고, 약 처방 받고, 질병에 맞서 싸웠다. 황사와 미세먼지 등 대기질이 점점 안 좋아지고 있다. 그래서 소아과를 끊을 수 없다. 초등학교 들어가면 아이들 아픈 정도가 줄어든다는데, 때때마다 발병하는 질병들이 있는 것 같다. 아이들 면역력을 키우기 위해 광고를 많이 하는 젤리며, 홍삼 등을 먹여봤지만 효과가 없었다. 오히려 '설사' 같은 부작용이 생겼고, 비싸게 주고 산 비타민이나 영양제는 그대로 버려졌다. 아이가 클 때까지 기다리는 것이 엄마가 할 수 있는 일 같다.

그 전에는 병을 키우지 말고, 경미한 증상에도 병원에 가서 엄마 걱정도 줄이고, 아이 큰 병도 막는 것이 할 수 있는 최선이라고 생각한다. 물론 여느 소아나 대기, 접수 경쟁이 치열하다. 소아과 가는 날은 기본 1시간 길게는 3시간은 버린다고 생각하고 움직인다. 버려지는 시간에 눈물을 보인 날도 많다. 결론은 아이가 아플 조짐이 보이면 극심한 소아과 접수 경쟁을 뚫고라도 병원에 다녀오는 것을 추천한다. 그것이 아이의 병, 엄마의 걱정을 막는 명약이라는 것을 아이를 키우며 배운다.

## 6. 나를 돌보지 못한 시간

첫아이가 태어난 6월, 아이를 출산하자마자 더위가 시작됐다. 출산 직전에 장만한 에어컨을 틀어야 더위가 식을 것 같았지만, 태어난 지 한 달도 안 된 신생아에게 인공 바람을 쐬게 하려니 마음이 편치 않았다. 걱정 많은 엄마는 더우면 더운 대로, 추우면 추운 대로 걱정이다. 애 엄마가 되고 걱정 보따리는 더 커졌다.

산후풍이 걱정되어 늘 긴팔, 긴바지, 양말까지 신고 생활했다. 아이에게도 선풍기 바람을 조심스럽게 쐬었다. 아이와는 한시도 떨어지지 못했다. 화장실에 갈 때도 혹시 무슨 일이 생길까 싶어 문을 열어두고 볼일을 봤다. 이뿐만이 아니다. 밥도 편히 먹을 수 없었다. 바퀴 달린 아기 침대에 아이를 눕히고, 식탁 옆에 바짝 붙여두고서야 밥을 먹었다. 아이와 밥그릇을 번갈아 보며 식사를 하는 모습은, 보는 사람마저 마음이 불편할 정도였다. 아이가 이불에 고개를 파묻지는 않을지, 한 순간의 사고가 아이의 생명을 좌우할 수 있다는 생각에 단 한 순간도 마음이 놓이지 않았다.

실제로 식사 중 정말 큰일이 날 뻔한 적이 있다. 분유를 먹이던 중 아이가 잠들었고, 잠결에 분유를 잘못 넘겨 호흡곤란이 세 번이나 왔다. 그때의 충격으로 아이가 잠들 무렵에 분유를 먹이는 것에 대한 공포가 생기기도 했다. 또 한번은 돌이 지난 첫째에게 찐 감자를 으깨 치즈와 버무려 감자치즈볼을 간식으로 준 날이다. 제법 음식을 잘 씹어 넘기던 첫째가 갑자기 숨을 쉬지 못했고, 평소 익혀둔 하임리히법으로 아이를 뒤집어 음식물을 모두 빼냈다. 목에 걸린 감자치즈볼과 함께 아침에 먹은 음식까지 다 게워내고 나서야 아이는 평온을 되찾았다. 사람의 뇌는 수 초 동안 산소가 공급되지 않으면 이상이 생길 수 있다고 한다. 그야말로 생사를 오가는 경험이었다. 하늘에 감사하며 토사물을 치우다 남은 감자치즈볼을 주워 먹다 깜짝 놀랐다.

어른인 내가 먹어도 숨 막힐 정도로 퍽퍽한데, 아이는 얼마나 고통스러웠을까…. 미안함과 함께, 미숙한 엄마로 인해 아이를 잡을 뻔한 일이 끔찍했다. 사고에 대한 경각심을 다시금 느낀 날이었다.

### Ep 1. 씻지 못해 얻은 피부병

이러저러한 경험과 본연의 두려움으로 인해 아이를 두고 샤워하는 건 꿈도 못 꿨다. 문제는 출산하자마자 더운 여름이 시작됐다는 것이다. 바로 옆에 두고도 한눈팔지 못하는데, 문 하나를 사이에 두고 샤워를 한다는 건 상상도 할 수 없었다. 지금 생각하면 남편에게 부탁할 수도 있었는데, 왜 그리 미련을 떨었을까…. 지나친 책임감이 때로는 독선이 된다. 내겐 그게 육아다. "나 힘들다. 어렵다. 같이 하자"는 말이 아직도 어렵다. 흔쾌히 기껏 웃으며 반겨주면 조금은 편했을까. 신랑은 돈을 버니까, 주야간 근무 강도가 체력적으로 힘드니까, 혼자 계신 어머님을 챙겨야 하니까, 아이 돌보기는 내가 더 잘하니까 등등 여러 이유로 아이 둘의 어린 시절을 거의 혼자 돌봤다.

  한여름, 아이와 씨름하며 흘린 땀과 냄새, 끈적임이 대단했지만 일주일에 한 번 샤워하는 게 고작이었다. 그것도 아이를 재운 뒤, 깜깜한 밤에 샤워부스에서 초스피드로 씻었다. 그 와중에 혹시 아이에게 무슨 일이 생기진 않을까 귀를 쫑긋 세우며 초치기 샤워를 했다. 그렇게 육아의 달인이 되어가는 줄 알았지만, 나를 돌보지 못한 탓에 1년 뒤 겨울, 동전습진 진단을 받았다. 원래 피부가 건조한 편이었지만, 출산 전까지는 큰 문제 없이 지냈다. 동전습진을 앓으며 가려움이 얼마나 힘든 것인지 알았다. 모기 물린 것처럼 가려운 살을 긁어 상처가 생기고, 습진 부위는 점점 넓어졌다. 병을 얻었으니 치료를 해야 했지만, 하필 피부과는 전화 예약이 되지 않았다. 어린아이 둘을 데리고 피부과에 방문해 예약만 하고, 바로 진료도 볼 수 없어 정해진 시간에 다시 아이 둘을 데리고 내원해야 했다. 차도 없던 시절, 쌍둥이 유모차를 산 게 신의 한 수였을까, 겨울이라는 계절이 방해가 되었지만, 아이 둘과 함께 이동할 수 있음에 감사했다.

  아이가 어릴 때 가장 힘든 것은 "아기 엄마"라는 명분으로 자신의 몸과 시간을 마음대로 쓸 수 없다는 점이다. 혼자서는 간단한 외출도 아이 둘과 함께라면 시작부터 진이 빠진다. 아이 둘을 옷 입히고 챙기고 기다리는 시간도 인고의 시간이요, 돌아와서는 벗기고 씻기고 입히고… 휴….

다행히도 시간이 흐르며, 아이에게 향하던 손은 조금씩, 아주 조금씩 줄어갔다. 덕분에 내 몸을 챙기는 시간이 늘었고, 잘 씻으니 피부병도 사라졌다. 자기관리에 너무 소홀했구나, 나를 챙기지 못했구나, 속이 많이 병들었구나, 겉은 더없이 늙었구나 하는 후회와 속상함이 남는다. 첫아이 돌 무렵에는 이전에는 없던 이석증도 앓았으니…. 연례행사처럼 새로운 병치레를 겪으며 아이 키우는 일이 생각지 못한 어려운 일이라는 걸 몸소 알았다.

### Ep 2. 폐렴, 눈물 젖은 유축기

질병 하나가 온 집안에 돌림병처럼 돌았다. 아들은 개도 안 걸린다는 오뉴월 감기에 걸렸고, 동생도 옮았다. 마지막 주자인 나도 알게 모르게 감염되어 목소리가 잠기고 기침이 계속됐지만, 증상을 제대로 알아채지 못했다. 뼈가 부서질 듯 아프다는 게 이런 거구나 싶었다. 아무리 보온을 해도 추위가 가시지 않았고, '추위'라기보다는 뼛속 깊이 아프다는 표현이 정확했다. 집에서 가장 따뜻하고 한파도 막을법한 거위털 이불로도 오한을 막을 수 없었다.

극도의 고통을 참지 못하고, 이러다 정말 죽을 것 같아 생전 처음 내 손으로 119번을 눌러 응급차를 불렀다. 신랑과 상의할 겨를조차 없다. 살아야 했다. 1층에 구급차가 도착했다는 전화를 받자마자 아이들을 등진 채 "병원 다녀올게"란 말을 남기고 입던 옷 그대로 뛰쳐나갔다. 내 생에 첫 응급차에서 체온을 쟀더니 "환자분, 지금 열이 많이 나요. 40도예요"라는 말을 들었다. 조금 전까지만 해도 마트에 가서 장을 볼 정도로 괜찮았는데, 열이 40도라니 믿기지 않았다.

믿기지 않는 일은 응급실에서도 이어졌다. 열이 나니 각종 검사를 했고, 당시 유행하던 독감과 코로나 검사도 받았다. 결과는 '음성'이었다. 다행이다 싶었지만, 최종 진단은 '폐렴'이었다. 목소리가 가라앉고, 기침이 잦았다. 입원 치료가 필요했고, '세균성 폐렴'이라 전파력이 있어 면역력이 약한 아이들과 함께 있을 수 없어 격리해야 했다.

그 와중에 가장 큰 문제는 둘째가 생후 70일, 백일도 안 된 시기였다는 점이다. 엄마 손이 한창 필요한 때였고, 하필 모유 수유 중이었다. 강한 모성애에 눈물이 쏟아졌다. 항생제 들어간 모유를 아이에게 먹일 수 없어, 어쩔 수 없이 분유로 대신했다. 젖몸살도 문제였다. 아이에게 젖을 물리거나 유축하지 않으면 가슴이 딱딱해지고 너무 아팠다. 이 고통은 경험해 본 엄마만이 알 것이다. 정말 아프다. 수유를 할 수 없으니, 유축기로 젖을 짜야 했다. 6명이 함께 쓰는 병실에서 커튼을 치고 젖을 짰다. 버려지는 모유를 보며 백일도 안 된 어린 딸이 떠올랐다. 오래도록 모유를 먹이고 싶었지만, 용불용설이다. 아이에게 먹이지 않으면 젖 양은 줄어든다. 유축기로 젖샘을 자극해도, 일주일의 병원 치료 후 결국 젖은 말랐고, 아이에게 모유를 더 이상 모유를 먹일 수 없었다.

내 몸을 돌봐야 했던 그때, 내 마음은 온통 아이에게 가 있었다. 나는 엄마다. 아파서 미안한 엄마였다.

# Part 3.
## 다시, '일하는 나'로

My name is 남미안
— 텅장 가계에서 다시 사회로

## 7. 4인 가족, 외벌이의 현실

　내가 원해서 결혼하고, 내가 원해서 아이 둘의 엄마가 됐다. 두 살 터울로 1호와 2호를 낳고 우리는 4인 가구가 됐다. 우리 가족 중 단 한 사람, 즉 25%만 경제활동을 한다. 아이들이 자라며 식비는 물론, 교육비, 여가비가 쑥쑥 늘어난다. 25% 비중으로 먹고살기에는 '돈'이 부족하다. 내가, 아이들이 원하는 것을 하기 위해서는 '돈'이 필요했다. 대책이 필요했다.

　결혼하고 가장 풍족했던 시기는 주말부부로 지내며 맞벌이를 하던 때다. 그때는 내가 번 돈 100%를 은행에 맡겼다. "목돈 만들기 쉽네!", "이러다 금방 부자 되겠다!"라고 생각한 지 얼마 되지 않아 다시 현실과 마주한 나. 아이를 준비하기 위해서는 주말부부로 장거리 회사를 다니는 것이 어렵다는 것을 알았다. 10년 다닌 회사를 그렇게 떠나왔고, 그렇게 2인 가구가 됐다. 지출은 그대로고 수입은 반토막이 됐다. 가계부에 악착같이 혼신을 기울였다. 그 뒤, '지출 방어'라는 말이 무색한 외벌이 3인 가구, 이듬해 둘째를 낳고 외벌이 4인 가구가 됐다.

그간 나는 '돈'에 소극적이었다. '돈, 돈'거리는 것은 돈을 밝히는 일이오. '속물'이라는 생각에 '돈 얘기'만 나오면 회피, 기피, 위축과 같은 모습으로 자신감 없이 돈을 대했다. 부자가 되고 싶지만 그 마음에 솔직하지 못했고, 돈이 필요했지만 그렇지 않은 듯 의연하게 보이고 싶었다. 하지만 10년 지나 한 가정의 아내이자 엄마가 되고, 돈에 솔직해지기로 했다. '부자가 되자'는 목표를 가지고 신념 있게, 당당하게 돈을 벌기로 했다.

### Ep 1. 경제적 독립과 자유

2022년, '경제적 자유'라는 개념을 알았다. 나 역시 언제가 될지 모르는 경제적 자유를 갈망한다. 돈이 돈을 버는 자본주의 시스템을 얼른 갖고 싶다. '이런 생각을 10년 전 알았다면 얼마나 좋았을까?' 하는 후회로 안타까워하는 내가 경제학을 전공했다는 사실이 스스로도 믿기지 않는다. 하여튼, '경제적 자유'를 갈망하는 나의 '경제적 독립'은 대학교 기숙생활을 하며 시작된다. ('경제적 독립'을 위한 준비 기간이라고 적는 게 더 정확할 것 같다.) 만 18년을 부모님과 살다 하루아침에 맞는 이별이 낯설고 어색했지만 빠르게 적응했다. 다소 아쉬운 것이 있다면 대학 생활 4년 내내 부모님께 생활비를 받은 것이다. 당시 주변 친구들이 모두 그랬기에 당연한 줄 알았다. 몸도 마음도 마흔까지 자란 지금, 책도 많이 읽고, 일하며 경험도 쌓고, 돈도 벌면 참 좋았겠다는 생각을 한다. 캠퍼스 안에 갇혀, 만나는 사람만 만나고, 보는 것만 보다 보니 생각도 행동도 큰 변화가 없었던 것 같다. 학기 중에 알바할 생각은 전혀 못 했고, 여름방학과 겨울방학에만 단기 알바를 했다. 아주 큰 돈은 아니지만, 학기 중 용돈으로 쓰기엔 제법 쏠쏠했다. '다다익선'이라는 말처럼 돈은 많을수록 좋지만, 늘 부족했다. 맘껏 쓰고도 남고, 남는 돈은 차곡차곡 모아 목돈을 만들고 싶었다.

 2007년, 회사 생활을 시작하며 부모님으로부터 드디어 '경제적 독립'을 했다. 내 손으로 돈을 벌어 내가 생활하는 라이프가 시작됐다. 어릴 적, 우리 집은 부유하지 않았다. 외식을 자주 했고 종종 나들이도 갔지만, 중고등학생이 되고 알았다. 자산이 아니고, 빚이라는 것을. '자산'이라는 말이 생소할 정도로 뭐가 크게 없었다. '번 만큼 쓰거나, 돈이 있는 만큼 쓰면 되는데 왜 빚이 생길까?' 어린 마음에 궁금했다. 그리고 나는 절대 빚을 지지 않겠다고 다짐했다. 매월 꾸준한 수입이 발생하는 회사 생활을 꿈꿨다. 그런 날을 맞았고, 앞으로의 재정을 운영할 생각에 설렜다.

 대학교 졸업과 동시에 본가로 내려간 나는 두 달 만에 다시 집을 나왔다. 서울로 취업을 했기 때문이다. 이제 살 집을 알아봐야 한다. 다행히 서울에서 먼저 자리 잡은 고등학교 동창이 있었다. 고맙게도 매월 관리비 정도를 부담하며 친구와 함께 지내게 됐다. 홀로서기를 위해 필요한 '의식주' 중에서 가장 손이 많이 가는 '주'를 친구 덕분에 수월하게 해결할 수 있었다. 서울에서 만 9년을 잘 살아낼 수 있었던 시작은 그 친구에게 있다. 그때의 고마움, 감사함을 아직도 간직한다. '은인' 같은 친구와의 동거가 2년 정도 됐을까? 당시 난 화곡동에 살았는데 그곳이 재개발이 되며 우린 집을 비워야 했다. 이제 정말 진정한 '독립'을 해야 했다. 처음에는 막막했던 독립도 마음먹으니 차츰 진도가 나갔다. 그간 모은 300만 원을 보증금으로 월세 55만 원 원룸을 계약했다. 숨만 쉬어도 나가는 '55만 원'이 너무 아까웠다. 월세를 줄이기 위해 보증금을 키우기 위한 강제 저축이 시작됐다. '강제 저축'이란, 말 그대로 '강제'로 돈을 모으는 행위다. 예를 들어, 먹고 싶은 커피를 참는 대신, 커피값 5천 원을 저금하는 것이 강제 저축이다. 목표를 이루기 위해 절제하고, 인내가 더해져 돈을 모으는 원리다. 학자금, 그리고 보증금이라는 목표를 위해 선저축 후지출을 하며 나는, 자산을 불려 나갔다. 100만 원씩 보증금을 올려 나가며 만 8년 동안 몇 번의 이사를 했고, 계약 기간 만료, 가위에 눌려서, 난방이 안 돼서, 장마철 침수 등의 이유로 봉천역, 낙성대역, 서울대역 등 관악구를 전전하며 혹독한 서울살이를 이어 나갔다.

매월 고정비 중에서 월세 다음으로 큰 비중을 차지한 것은 학자금이었다. 대학에 다니며 총 8번의 등록금을 냈다. 다행히 운이 좋아 성적 우수 장학금을 2~3번 받았고, 이를 제외한 등록금의 절반은 학자금 대출로 충당했다. 취업한 이후로는 부모님의 도움 없이 내가 번 돈으로 원리금을 상환했다. 월세와 학자금을 갚고도 돈이 남았다. 물론 그 금액이 많지 않았지만, 당시 회사는 비밀연봉제였고, 친구들끼리도 '돈' 이야기를 쉽게 꺼내지 않아 내 적은 월급이 비교되지 않았다. 일부러 파고들지 않으면 알 수 없는 급여체계였기에, 상대적 박탈감 없이 행복할 수 있었던 것 같다. 지금 생각하면 세상 물정을 몰랐던 셈이지만, 그 시절에는 오히려 그게 다행이었다고 느낀다. 젊은 날의 청춘, 행복, 추억이라는 이름으로 남아 있는 순간이기 때문이다.

당시 쾌재를 불렀던, 학자금 대출금 청산 시점이 정확히 언제였는지 기억나지 않는다. 그럼에도 불구하고 선명하게 남아 있는 건, 이자보다 원금이 더 커진 원리금을 마주했을 때, 그리고 마지막 원리금을 상환하고 모든 빚을 청산했을 때! 정말 황홀했다는 것이다.

### Ep 2. '현모양처'에서 'N잡러'로

결혼 전 내 꿈은 현모양처였다. 스스로 정의한 '결혼하기 가장 아름다운 나이 20대 중후반', 많은 사람의 축하 속 이쁜 신부가 되고 싶었다. 남편에게 사랑받고 아이들에게 사랑을 나누며, 알콩달콩 행복한 가정을 꾸리는 예쁜 아내이자 엄마가 내 꿈이었다. 대한민국 직장인의 자기 계발을 지원하는 교육회사에 재직 중인 커리어 우먼과는 다소 이미지가 언밸런스한 유교 시대에 어울리는 꿈이었다. '걱정을 해서 걱정이 없으면 걱정이 없겠다'라는 티베트 속담, '세상일은 계획한 대로 되지 않는다'라는 살아오면서 경험한 진리. 결론적으로, 가장 아름다운 나이에 결혼하고 싶다는 막연한 꿈은 실현되지 않았다.

마음먹은 일이 쉬이 되지 않는 짜증, '내 짝은 어디 있을까? 과연 결혼을 할 수 있을까?'라는 불안과 조급증, 반포기로 인한 우울감 등에 사로잡혀 살아내던 32살, '결혼'이라는 관문을 통과하고 아이 둘을 키우며 보내는 인고의 시간 끝에 결국 다시 '일하자'는 꿈을 꾼다. 정확하게 이야기하면 처음부터 '일'을 추구한 건 아니다. 필요한 건 '돈'이었다. 돈을 벌기 위해 무엇이든 시작하고 싶었다.

스무 살, 성인이 되고 홀로서기를 시작한 나. '티끌 모아 태산'이라는 구태의연한 말을 실감하며, 비록 태산을 만들지는 못했어도 티끌을 끌어모으는 근면 성실함을 가졌다. 자연스레 짠순이 DNA를 탑재하며 사치를 모르고 살았다. 수입은 그대로인데 지출은 4배로 늘어난 외벌이 4인 가구의 경제 상황. 육아로 당장 내가 돈을 벌 수 있는 상황도 아니었다. 수입을 늘릴 수 없다면 지출을 줄여야 한다. 그래서 가계부 쓰는 일에 더 철저히 최선을 다했다. 외벌이 가구의 빤한 한 달 수입을 예산으로 식비, 생활비, 주유비 등등 쥐어짜 통제하며 하루하루 꾹꾹 눌러 손으로 가계부를 썼다. '쓴다'는 개념을 넘어서 가계부를 째려보고 노려보며 돈 아끼기에 시간을 태웠지만 노력은 무색했다. 지출을 줄이는 것만으로는 큰돈을 만들기 역부족이었다. 제아무리 공을 들여 가계부를 쓸지언정 이미 쓴 돈이 생기거나, 앞으로 쓸 돈이 늘어나진 않았다. 경제적 여유가 없음을 다시금 확인하는 시간이며, 마주한 현실에 마음이 팍팍하고 한숨이 늘었다. 마른 수건을 짜도 물은 나오지 않는다. 숨만 쉬어도 나가는 고정비가 100만 원, 식비와 생활비, 때때마다 나가는 명절, 생일, 경조사, 휴가 등의 이벤트 비용을 합치면 필수용품 외 다른 곳으로는 눈 돌릴 여유가 없었다. 어린아이들 오감 만족을 위해 나들이라도 한번 가려면, 움직일 때마다 돈이 술술 샜다. 아이 둘이 커가면서 가지고 싶은 것, 하고 싶은 것이 많아지는 것은 물론, 우리가 해주고 싶은 것도 당연히 늘어난다. 앞으로 돈 나갈 일이 수두룩 빽빽함을 안다. 위기다. 재정에 빨간 불이 들어왔다. 준비가 필요하다.

아무것도 하지 않으면 아무 일도 생기지 않는다는 자명한 진리. 그래서 나는 늘 움직였다. 애초에 'N멍(물멍, 불멍, every 멍)'을 거부하는 편이다. 하루 종일 쉴 새 없이 움직이는 편이다. 서울 생활을 정리하고 내려온 후에도 쉬지 않았고, 법원에서 촉법소년의 계도를 돕는 일을 하게 되었다.

그러던 중 일주일 만에 뱃속에 1호가 자라고 있음을 알게 되었다! 임신 소식에 무척 기뻤지만, 임신 초기에는 스트레스를 조심해야 한다는 이유로 아쉽게도 일을 그만두고 돈 버는 것을 포기했다. 하지만 출산 전까지 계속 쉬기에는 성미가 급하디급한 나로서는 금쪽같은 시간을 허투루 보낼 수 없었다. 마음의 양식과 건강한 정서를 위해 시간을 투자하기로 결심했다.

 주변에서는 아이가 뱃속에 있을 때가 가장 행복한 시기라고들 한다. 이 행복한 시간을 더 알차게 보내고 싶어, 뱃속의 1호와 함께 자격증 공부와 취미 생활을 즐겼다. 컴퓨터활용능력 2급, 바리스타 자격증 취득에 성공! 지자체에서 운영하는 교양강좌를 신청해 도자기 페인팅도 경험했다. 색칠 놀이도 잠시 즐겼는데, 밑그림에 적힌 번호에 맞게 색칠하면 멋진 미술작품이 완성됐다. 결혼 전부터 가지고 있던 낡은 3단 서랍을 빨간 페인트로 칠해 포인트 가구로 재탄생시키기도 했다.

 그렇다. 나는 움직이며 살아가는 것을 좋아한다. 바쁘게 움직이고, 공부든 일이든 새로운 것을 추구해야 직성이 풀리는 나다. 하지만 육아는 달랐다. '놀먹잠(놀고, 먹고, 자고)' 패턴대로 만 4년 넘게 살았다. 반복되는 하루에 무료함을 느꼈고, Something new가 필요했다.

 결혼 전, 회사 다닐 때도 종종 무기력증을 겪었다. 출근과 퇴근의 쳇바퀴 속에서 문득 아무것도 하기 싫고 재미없는 시기가 이따금 찾아오곤 했다. 보통 2~3일이면 지나갔지만, 길게는 열흘까지도 흥미 잃은 시간을 보낸 적도 있었다. 그때 내가 찾은 해결책은 서점에 가서 적당한 책 한 권을 골라 읽는 일이었다. 스스로 정체된 환경에 처하면 견디기 힘들다는 걸 그때 알았다. 책을 읽는다는 것은 나를 위한 투자이자, 아이디어를 얻고 새로운 생각으로 머릿속을 채우는 생산적인 활동이었다. 스스로 생각하지 못하는 것을, 책이 이끄는 대로 따라가며 생각할 수 있었다. 어쩌면 수동적이지만, 책에 적힌 글귀들이 나쁠 리 없다. 나보다 더 나은 생각을 하는 사람의 사고를 따라가다 보면 몸과 마음에 힘이 났다. MBTI에 따르면, 나의 핵심 기능은 '새로운 가능성을 추구'하는 일이다. 나는 새로운 것, 가능성이 보이는 것을 만들고 그것을 이루기 위해 움직인다. 그렇지 않으면 무료하고, 재미없고, 생동감 없는 나를 발견하게 된다. 반대로 머리와 몸을 활발하게 움직이면 행복감이 가득하고, 살아있음을 느낀다.

'엄마가 행복해야 아이도 행복하다'는 말을 마음에 새기며, 우리 가족 모두의 행복을 목표로 인내해 온 지난 시간들. 육아에 집중하던 그 순간에는 몰랐다. 두 아이를 만 4년간 가정에서 돌본 나를 주변에서도 신기해한다. 대단하다고도 한다. 나를 잘 아는 사람은 결혼하고 집에서 아이를 키우는 나의 근황을 듣고, 나의 건강까지 염려했다. 밖으로 에너지를 발산하는 내가 집에서 아이만 보고 있다는 사실에 적잖이 놀라고 당황했을 터. 나 역시 그 시간을 돌아보면 스스로도 신기할 정도다. 참 흥미진진한 바깥세상 일을 까맣게 잊고 있었다. 그만큼 육아에 진심이고, 최선을 다했다.

하지만 때가 되면 아이들도 엄마 곁을 떠난다. 아이들과 함께한 시간은 돈으로도 살 수 없을 만큼 귀하고 행복했지만, 나는 느꼈다. 아이들이 성장하면서 스스로 할 수 있는 일이 늘어나고, 엄마와의 분리가 자연스럽게 이루어진다는 것을. 엄마가 세상의 전부였던 아이들은, 걷고 뛰고 자아가 커가면서 세상에 눈을 뜨고 있었다. 엄마로 가득했던 세상은 장난감, 맛있는 음식, 책, 놀이 등등 다른 것들로 채워지고 있었다. 아이에게 정말 필요한 건 엄마 품이 아니라, 자신의 만족을 채워줄 다양한 경험임을 알게 되었다. 신생아나 어린아이를 돌볼 때처럼 내 시간과 마음을 아이에게만 전적으로 쏟는다면, 머지않아 내 마음이 헛헛해질 것을 알았다.

부모가 되고, 아이를 키우는 일은 장기전이다. 끝이 없는 육아. 한 가지 일을 계속할 때 보통 그 분야의 전문가가 되기 마련인데, 반면에 포기해야 할 것도 생긴다. 그간 수없이 포기했던 '나', 그러나 이제는 나를 위해 움직이고 싶다는 욕구가 샘솟았다.

'현모양처'라는 꿈은 바뀌었다. 나는 더 이상 '현모양처'로 살지 않기로 했다. 더 정확하게는 '현모양처'는 기본이요, 나의 꿈을 갖고 나의 일을 하기로 마음먹었다. 이는 현실과 마주한 결과이자, 나의 근본적인 성향을 반영한 변화이기도 하다. 아이를 좋아하고, 바쁘게 움직이는 것이 제격인 나에게 육아는 할 만했지만, 한 우물에 머무는 시간이 길어질수록, 아이들은 커갔고, 엄마 손길에 대한 가치도 예전과 달라졌다. 동시에 재정 상태 적신호를 감지하며 '변화'하지 않을 수 없었다.

이제는 내 시간과 에너지를 내가 더 신나서 움직이는 곳에 쓰고 싶다.

다행인 건, 돈이 필요해 시작한 일이 재미까지 있다. 결혼과 출산, 그리고 육아를 거치며 '일'에 대한 목적과 개념이 여러 번 바뀌었지만, 결국 '내가 좋아하고, 잘할 수 있는 일'을 찾았다. 그래서 지금 나는 행복하다.

### Ep 3. 결핍이 준 성장의 힘

주말부부를 자처한 결혼, 장거리 출퇴근, 첫아이를 잃은 슬픔 등 굵직한 연유들을 이유로 비자발적으로 퇴사한 뒤 나는 외벌이 가계의 재무부 장관이 되었다. 신혼 초 두 사람이 벌던 수입은 절반으로 줄었고, 얼마나 지출을 줄이느냐가 관건인 시절. 경제학과를 졸업한 업적(?)을 드높여 우리 가계의 수입과 지출을 관리했다. 수입은 빤히 보이고, 들쭉날쭉 요동치는 지출을 보자니 어찌 됐든 허리띠를 조를 수밖에 없었다. 시간이 지나 가족이 늘고 최종적으로 '외벌이 4인 가구'가 최종 결과물이었다. 아끼지 않고는 다음 달 가계부는 적자다. 아끼고 아껴서 5만 원이라도 모아야 안정감을 느꼈다. 지금 와서야 하는 말. 그래도 살아지더라!

외벌이 4인 가구의 애둘맘으로서 마주한 경제 현실은 냉혹했다. 수입보다 지출이 많은 가계부를 계속 썼다. 돈을 더 벌거나 덜 써야 했다. 허리띠를 졸라도 쉽지 않았다. 하루하루 숨만 쉬어도 나가는 공과금, 식비 줄이기가 쉽지 않다. 전업주부로서 두 아이를 돌보며 자투리 돈이라도 벌고자 '지출 줄이기', '경품 응모', '공병 팔기' 등을 시도했지만 성과는 크지 않았다. 들인 시간과 스트레스에 비해 수확이 쏠쏠치 못했다. 욕심 많고 성격 급한 나의 마음은 불안하고, 발은 동동거렸다.

가계부를 쓰고, 많이 벌면 3천 원인 공병을 팔며 '어떻게 하면 만족할 만큼 돈을 벌 수 있을까' 고민했다. 하지만 부자가 되기는커녕 걱정만 늘었다. 시련의 시간이었지만, 결국엔 '인내할 만한 시련'임을 깨달았다. 죽으라는 법은 없다. 돈이 부족한 달에는 연말 정산 환급금이나 신랑 회사의 상여금이 들어오는 등 위기 속 구세주 같은 목돈이 떨어졌다. 그러나 그 돈도 금세 이러저러한 사용처로 공중분해 되고 수중에는 다시 돈이 없다.

나는 인간에게 움직임을 불어넣는 가장 강력한 동기는 '결핍'이라고 생각한다. '돈'과 '시간'의 부족은 내게 충분한 동기부여가 됐다. 육아와 가사로 부족한 내 시간을 찾고, 그 시간으로 외벌이 가정을 조금이라도 풍족하게 하고 싶었다. 내가 생각하는 '행복'은 하고 싶은 것, 원하는 것을 돈 때문에 포기하지 않는 것이다. 돈이 행복의 절대 조건은 아니지만, 최소한의 불편함을 줄여주는 도구임은 분명하다. 아이들이 원하는 것을 사주고, 원하는 곳에서 시간을 보내며 걱정 없이 웃고 싶었다. 그래서 돈이 필요했다.

자본주의 사회에서 돈과 시간은 서로 치환된다. 돈을 벌기 위해서는 시간을 써야 하고, 가만히 있어도 돈이 벌리는 시스템을 만들기 전까지는 내 시간을 태워야 한다. 두 아이를 집에서 돌보느라 내 시간은 거의 없었고, 그래서 더 간절히 나만의 시간을 갖고 싶었다. 아이들이 자는 시간에 책을 읽고, 그 지식을 활용할 수 있을 때까지 부단히 움직였다. 그리고 내 경험과 지식을 돈으로 바꿀 기회를 찾기 위해 고민과 노력을 멈추지 않았다.

'결핍'이 나를 움직이는 가장 큰 동기였지만, 결핍만으로는 충분하지 않다. N잡러로 성과를 내기 위해 '실행' 또한 중요했다. 우리는 종종 생각만 많아져서 행동으로 옮기지 못하고, 걱정과 고민이 많을수록 움직임이 멈추곤 한다. 그래서 적당히 생각하고 바로 움직이는 지혜가 필요하다. 어제와 다른 오늘, 오늘과 다른 내일을 위해 생각 뒤에 반드시 행동이 따라야 한다는 것을 경험했다. 원하는 것을 이루기 위해 지금도 바쁘게 움직이고 있다.

자칭 타칭 나는 열정 넘치는 사람이다. 그런 내가 무기력을 느낄 때는, 에너지가 바닥나 한계에 도달했다는 의미였다. 무기력에서 벗어나려면 뭔가를 해야 한다는 건 알았지만, 하루 세끼를 챙기고 집안일을 하다 보면 시간이 없었다. 아침에 눈뜨면 아이들과 아침밥을 먹고, 치우고, 집안일을 하면 또 점심 식사를 준비한다. 점심 먹고 낮잠 시간에 잠시 쉬다가 아이들이 깨어 조금 놀고 나면 다시 저녁밥을 차린다. 하루 세끼를 다 챙기고 나서야 잠자리에 눕는다. 다음 날도 오늘과 다르지 않은 24시간을 보낸다. 다음 날도, 또 그다음 날도 무한반복. 무엇을 할 짬도 없고, 무엇을 해야 할지도 몰랐지만, 무언가를 해야 무기력증에서 빠져나올 수 있다는 건 분명했다. 그 무엇이 무엇인지 그때는 몰랐다.

결국, 내게 가장 큰 동기부여는 '결핍'이었다. 돈이 없으니 돈을 벌고 싶었고, 시간이 없으니 시간을 벌고 싶었다. 내가 갖지 못한 것을 얻기 위해 노력하며 움직이는 것이 내게는 가장 크고 실제적인 동기였다. 시간을 돈으로 바꾸는 작업은 생각만으로도 재미있고 꽤 매력적이었다. 그리고 시간도 돈도 부족한 상황에서 나를 움직이게 한 것은, 아이러니하게도 그동안 외면했던 '책'이었다.

그렇게,
엄마,
다시!
돈을 벌었다!

**Blog**   내 꿈은 N잡러                           2022. 7. 11.

오전 9시 전후로 아이 둘을 유치원, 어린이집에 등원시킨다. 이때부터 엄마가 아닌 내 이름 석 자의 시간을 보낸다.

아이들을 보내고 가장 먼저 하는 일은 인근 커피숍에서 책을 읽는 일이다. 주로 재테크 책을 보고, 기억하고 싶은 내용을 옮겨 적는다. 9시 전후로 문을 여는 카페가 많지 않다. 몇 번의 노하우로 정착한 곳은 소아과 건물의 대형 커피숍 또는 무인카페다. 39살에 카공족이 됐다. (얼마 지나지 않아 카공족은 세간에 욕을 먹는 소비자로 이슈가 되었다.)

보통 씁쓸한 카페인을 좋아하는데, 요즘은 연유 들어간 달달한 커피가 당긴다. 하지만 좋아하는 커피도, 평소 좋지 않은 위장 상태를 살펴보고, 눈치껏 홀짝인다. 혼자 조용히 집중하는 이 시간이 정말 좋다. 하지만 배움을 돈으로 승화시키는 것이 내가 책을 읽는 이유다. 그래서 유유자적하게 지식, 이론, 정보만 논할 수 없다.

결혼 전까지만 해도 적당히 벌어서 적당히 쓰는 안분지족의 삶을 추구하던 나. 아이 둘을 키우며 돈에 욕심이 생겼다. 자본주의를 늦게 깨달은 나는 '돈이 돈을 버는 시스템'에 매력을 느꼈고, 미처 일찍 시작하지 못한 후회를 떨치기 어려웠다. 그렇게 연쇄 독서를 시작했고, 투자로 돈을 벌고자 했다.

그러나 결과는 대참패다. 의욕과 열정이 부른 나의 투자 결과는 시퍼렇다 못해 시리다. 국내는 물론 미국 주식, 코인, 물리지 않은 게 없다. 어쩔 수 없이 강제 롱포지션이 된 나의 재테크 성적표. 금리는 오르고, 시장은 하락세에 진입했다. 파이어를 외치던 사람들도 다시 직장으로 돌아가 원화를 발굴하는 선택으로 바꿔했다. 나 또한 주택담보대출을 보금자리론으로 갈아타고 향후 2~3년은 찌그러져 있기를 선택했다. 언제 올지 모르는 기회를 잡을 희망조차 이제 없다.

   나 역시 우리 가정의 초과 수입, 근로소득을 벌고자 좀 더 적극적으로 움직인다. 가사와 육아만을 도맡던 몇 개월 전 대비 아이 둘이 기관에 가고 일정의 근로 시간을 얻은 덕분이다. 하지만 결혼 전처럼 9-18시 근로 시간을 투입할 수는 없다. 아직은 아이 둘, 그리고 가정이 1순위기 때문이다. 여자가 일하기 어려운 사회에 나도 살고 있다.

   이런 나의 근무 조건을 고려해서 내가 내린 결론은 'N잡러가 되자'였다. 다행히 온라인 운영 교수라는 재택근무를 소일거리로 하고 있다. 1잡 성공! 그리고 오늘 2잡러가 됐다. 지난주 서류 전형에 통과하고, 오늘 면접 결과 합격이다. 이 역시 내가 희망하는 시간에 일을 할 수 있는 구조다. 경력도 쌓을 수 있다. 더 감사한 것은 3잡러를 향해 준비하고 도전 중이라는 것. 나의 잡을 얼마나 늘릴 수 있을지 모르겠지만, 나의 재능과 열정을 가치 있게 만드는 일에 나는 언제나 진심이고, 진심을 담아 최선을 다해 기회를 노린다면 내 꿈은 이루어질 것이라고 생각한다.

   노력한 만큼, 그리고 운이 함께해 노력 이상으로 기대 수준만큼의 성과를 얻고 싶다. 그래서 움직인다.

   내가 원하는 대로 살 수 있다. 나는 운이 좋다. 나는 행복한 부자가 된다.

   감사함을 담아,
   오늘을 기록.

#경단녀 #취업 #재취업 #N잡러 #긱경제 #디지털노마드

## 8. 엄마의 근로소득

내 이름으로 산 행복한 111개월 시절에도 다소 아쉬운 게 있었으니 바로 '돈'이다. 직업에 귀천이 없고, 소득의 많고 적음으로 업(業)의 가치를 논할 수도 없지만 주변 동료 대비 내 연봉은 낮았다. 그도 그럴 것이 10년 동안 한 직장에 머물며 소위 몸값 높이기 경쟁에 참여조차 안 했다. 이러저러한 이유로 위생 요인 중 가장 중요하다 느끼는 '돈'이 늘 아쉬웠다.

2016년 3월 퇴사, 이후 프리랜서로 일하며 가장 기억에 남는 건 경단녀 딱지를 뗀 작고 소중한 첫 월급, 그리고 근로소득 기간을 모두 포함하여 최고액을 벌던 달이다. 교통비나 기타 경비를 제외하면 수입은 쪼그라들지만, 과거 몸값과 비교하면 당시의 월급은 충분히 기분 좋고 가치롭다.

N잡러가 되고 첫 급여 22,500원을 벌었다. 9개월 뒤 100만 원, 그로부터 한 달 뒤 200만 원, 그리고 또 한 달 뒤 300만 원의 수입을 만들었다. 한 달 간격으로 수입이 퀀텀점프를 한지라 신기하고 놀라웠다. 그간 열정과 소신을 시간에 태웠다. 그 결과가 기대 이상으로 좋았다.

만 5년의 경력 단절 기간을 겪고, 육아와 가사를 도맡아 1인 다(多)역을 소화하며 번 돈이기에 더 의미 깊고 호들갑을 떨게 된다.

그 어떤 차트보다 멋지고 훌륭하다. ㅜㅜ

> **Ep 1. 12개월의 결실**

69개월 만에 돈을 벌었다. 비록 적은 금액이지만, 직접 일을 통해 번 '근로소득'이라는 점에서 매우 가치 있다! 남편은 종종 내 수입에 '0'이 한 개씩 부족하다고 농담한다. (그런 보수가 이따금 종종 자주 찍혔다는 말이다.)

치킨 한 마리 사 먹으면 사라지는 적은 돈이지만, 69개월 만에 얻은 근로소득 '2만 2천5백 원'은 나에게 특별하고 의미 있는 금액이다. 이 돈은 다시 돈을 벌 수 있다는 가능성을 보여주며, 나라는 사람의 존재감을 확인시키는 소중한 증거다!

단돈 '2만 2천5백 원'은 나를 다시 돌아보게 했다. 10년 동안 내가 한 일을 나열하고, 기관에 심사를 맡겨 자격을 검증받았고, 나의 노동력을 투입했다. 일련의 과정을 통해 나의 가치를 확인받은 돈이어서 더 의미 깊다. '나도 사회에 필요한 사람이다.', '결혼하고 애 낳기 전, 멋지게 살았다' 등의 응원 소리가 들리는 듯했고, '일하는 행위'가 마냥 감사하고 값지다. 지금은 적지만 이 돈을 점점 더 키워 나갈 수 있을 것만 같은 막연한 기대와 자신감도 생겼다.

2022년을 시작하며 "행복"을 목표이자 목적으로 "2022 가정 경영 계획"을 작성했다. 새로운 목표 중 하나가 "가계 부수입"을 만드는 것이었고, 그러기 위해서는 일을 해야 했다. 하지만 마땅한 양육처 없이 아이 둘을 두고 돈을 버는 것은 쉬운 일이 아니다. 아이에게도, 일터에도 시간을 적당히 할애할 수 있는 근무처가 필요했지만, 입맛에 딱 맞는 일은 도대체 어디 있단 말인가! 대한민국 경단녀로서의 설움을 겪고 또 겪었다.

그러던 중 맞이한 구세주! 아이 둘의 만 36개월 가정 보육이 드디어 끝났다! 유치원과 어린이집에 아이들을 보내고 내 시간을 찾았다! 아이들과 분리된 시간은 "또 다른 행복"을 찾기 위해 애썼다. 나의 시간과 돈을 치환할 수 있는 일거리 찾기에 매진했다.

그리고 돈을 벌었다!

## Blog　　69개월 만의 근로소득　　　　　　　　2021.12.30.

69개월 만에 근로소득을 받았다. 2016년 3월 퇴직 후 첫 소득이다. (중간, 열흘 일하고 개인 사정으로 퇴사한 곳의 소득은 제외) 내가 받는 배당소득, 소수점 투자금 규모답게 아주 작은 돈 2만 2천5백 원. 사실 근로소득이라 칭하기도 민망한 금액이다. 하지만 경력을 인정받고, 자격을 갖춰, 노동력을 투입해 벌었기에 가치가 있다. 69개월 경단녀의 경력을 재개하고, 생산적인 활동을 시작한 것만으로도 기쁘고 뿌듯하다.

부자가 되기 위한 첫 번째 파이프라인 근로소득. 첫 번째 과제를 직접 행하지 못하고, 신랑 소득으로 살아온 지 69개월째. 나의 근로소득이 가계경제에 큰 보탬이 될 수 없다. 아직은 말이다. 하지만 점점 더 키워나갈 수 있을 것만 같은 근거 없는 자신감이 생긴다.

2022년 목표 중 하나는 나의 재취업이다. 궁극적인 목표는 나의 주 수입이자, 우리 가정의 부수입 만들기. 그리고 내가 창출한 근로소득은 100% 투자금으로 쓸 것이다. 역사적인 2만 2천5백 원도 명품 ETF를 샀다. 금액 차치하고 한 달 급여를 몽땅 털어 넣은 셈.

투자 : 국내 주식 6년 만에 재개, 미국 주식 시작, 소수점 투자,
　　　퇴직연금저축펀드 시작, ISA 계좌 활용
글쓰기 : 블로그 시작, 5년 다이어리 시작
공부 : 종이신문 구독, 유료 텔레그램 구독
경제 활동 : 온라인튜터

2020년까지 육아와 가사만 전념하다, 같은 해 11월부터 책을 읽었다. 그리고 올해 작은 변화들이 생겼다. 소소한 활동이지만 포장하면 "육아, 가사, 투자, 글쓰기, 공부, 경제활동" 수행 역량이 늘었다. 글로 정리하니, 이만하면 한 해 농사 잘 지은 것 같다. 그리고 내년 오늘, 나의 모습도 궁금하다. 한해 마무리가 이렇게 의미 깊었던 적은 사실 없다. 해마다 기분에 따라 지냈다면, 올해는 의미를 찾고 앞으로를 다짐하는 나다. 자아도취에 빠져 사는 요즘. 좋은 일이 생길 것만 같은 기대감에 빠져 사는 이 기분도 나쁘지 않다. 좋다. 행복하다.

"수고했다 2021년"

#근로소득 #급여 #부수입 #경단녀 #재취업 #현금흐름 #재투자 #투자 #돈 #부자 #육아 #가정보육맘 #주부재테크 #엄마재테크 #글쓰기 #일상

| Blog | 월 소득 2만 5천 원에서 322만 원, 126배 퀀텀점프 | 2022. 12. 30. |

블로거 3년 차로서 요즘, '1년 전 오늘' 글 보는 재미가 쏠쏠하다.

2021년 12월 30일 내가 쓴 글은 총 3개. 투자에 한창 열 올리던 시절이다. 유독 눈에 띄는 타이틀 "69개월 만의 근로소득"을 보노라니, 지금의 포스팅을 아니 할 수 없어 책 덮고 쓰는 기록이다.

> [1년 전 오늘]
> "69개월 만의 근로소득"
> 22,500원의 감격
>
> 투자 : 국내 주식 6년 만에 재개, 미국 주식 시작, 소수점투자, 퇴직연금저축펀드 시작, ISA계좌활용
> 글 쓰 기 : 블로그 시작, 5년 다이어리 시작
> 공부 : 종이신문 구독, 유료 텔레그램 구독
> 경제활동 : 온라인튜터

"성과"라는 명명하에 너무도 당당히 박제한 나의 1년 전 결실(?)이다. 타임머신이 있다면 저 때로 돌아가 극구 말렸을 "투 to the 자" 자본주의를 느지막이 알았다는 조바심, 아는 건 행해야 한다는 성급함, 수위 조절이 필요했던 열정, 어느 것 하나 과유불급 아닌 게 없었다. 물론 저 때는 몰랐고 지금은 아는 것들. 지양해야 할 껄무새!!!

"내년의 오늘, 나의 모습이 궁금하다"라고 1년 전 내가 써 놓았더라. 자문자답할 수밖에 없는 1년 전 미끼를 물었다. 그래서 남기는 오늘의 기록. 그리고 또다시 미끼를 던진다. 과연 2023년 12월 30일, 1년 뒤 오늘 나는 어떤 모습일까?

저 글을 쓴 뒤, 365일 동안 "많은 일, 큰 변화"가 함께했다. 이게 된다고??? 가능하다고??? 스스로도 의아했던, 발로 뛰고 땀 흘리며 최선을 다한 몸부림.

1년간 가장 큰 공헌은 만 4년 가정 보육을 졸업하고, 아이 둘을 기관에 보내며 나의 시간이 생긴 데 있다. 움직이지 않으면 무기력해지는 나는 쉴 새 없이 머리 또는 몸을 움직였다. 바쁘지 않은데 바쁜, 시간이 있는데 없는 애매한 포지션으로 시간을 보냈다. 약 100일 정도 지나고 나의 노력은 성과로 이어졌다.

N잡러를 목표한 나의 수입 채널이 늘었다. "교육"이라는 공통 키워드를 주축으로 하는 일이 늘었다. 다행히 수입도 늘었다. 보람도 컸다. 열정도 강해졌다. 에너지도 얻었다. 자신감도 생겼다. 더 잘하고 싶다는 욕심도 늘었다. 해야겠다는 의지도 강해졌다.

그리고 또 1년 뒤가 궁금하다.

가능성을 확인한 2022년,
2023년은 좀 더 볼륨을 키우자!

2021년 끝자락 '22,500원'으로 시작한 나의 재취업은 2022년 윤곽을 좀 더 구체화했고, 할 수 있다는 가능성을 확인한 해다. 그리고 2023년은 조금 더 전문적으로 더 많이, 더 잘하자는 당찬 다짐을 해본다.

나의 성장일기가 되어버린 이곳, 하고자 하는 의지를 갖고 꾸준히 해 나가면 원하는 것을 이룰 수 있다는 것을 보여주고 싶다. 원하는 대로 살 수 있다. 나는 운이 좋다. 나는 행복한 부자가 된다. 제발!

2021년 오늘의 글을 읽고,
2023년 오늘을 기약하며,
2022년 오늘을 기록.

#블로그 #1년전오늘 #결산 #아듀2022 #웰컴2023

### Ep 2. 4박 5일 외박은 축제였다

결혼하고 두 아이를 낳고 줄곧 집콕 생활이 이어졌다. 아이를 낳고서는 밤잠에 혼자 든 적도 없다. 좌 1호, 우 2호를 양옆에 끼고 두 아이와 낮이고 밤이고 함께했다. 이런 환경에서 '외박'은 가당치도 않고 꿈조차 꿀 수 없었다. '엄마'라는 역할은 어쩔 수 없는 희생이 따르는 일이다. 그런데 이 공식이 깨졌다. 처음으로 출장을 간다. 난생처음 가는 강원도 춘천, 무려 4박 5일 긴 여정이다. 두구두구둥! 내 생에 이런 날이 올 줄이야! 지금 생각해도 믿기지 않는 일정이었다.

나의 빈 자리는 신랑과 친정 엄마가 도와주셨다. 백업 멤버에게 무한한 감사를 날리며 부디 아이 둘이 아프지 말고 잘 버텨주길 바랐다! '든 자리는 몰라도, 난 자리는 안다'는 말이 무색하도록 나 또한 철저히 준비했다. 나의 빈자리로 가족이 고생하는 것을 바라지도 않고, 이번 빈자리의 존재감이 크다면 이런 날은 다시 없을 수도 있다. 스케줄에 맞춰 육아반 세팅 완료! 이제 나만 잘하면 된다는 생각이 마구마구 밀려왔다. 가족의 의식주, 그리고 나의 일을 빠짐없이 챙기고자 아주 오랜만(몇 년 만)에 체크리스트도 썼다. 모든 일을 잘해야 한다는 책임감과 불안감이 만든 컬래버레이션 '성공 목록' 작성! 얼마 전 읽은 도서 《원씽》의 내용대로 성공 목록을 만들었다. 할 일을 나열하고, 우선순위와 목적의식에 맞춰 점수화하고 당장 해야 할 일과 시간을 좀 더 태워도 되는 일등 스케줄링을 마쳤다. 마음의 안정을 기대하고 리스트를 만들었는데, 아직도 마음이 심란하다. 집콕 엄마에게 단독 4박 5일 출장은 지금 생각해도 설레며 용기가 필요했던 프로젝트였다. '처음은 다 그렇지', '시작은 다 이렇지' 주문을 외고 또 외자.

4박 5일 춘천 출장을 무사히 마치고, 두 달 뒤 제주 출장에 나섰다. '제주'라는 두 글자는 보통 '설렘'을 부른다. 출장을 계획하며 '리프레시'를 마음속으로 연신 외쳤다. 하지만 남편에게 '숙박'을 당당하게 요구하기에 패기가 부족했다.

하필 그즈음 1호가 독감에 걸렸고, 아이가 나을 찰나 내가 고열이 났다. 코로나는 이미 앓았고, 1호의 독감 전염이 의심되었기에 코를 찔러 독감 검사를 했으나 음성이다. 혹시 모를 코로나 2차 감염을 확인하고자 또다시 면봉을 깊숙이 찔렀다. 많이들 해본 코로나 검사의

지독한 통증, 너무 아팠다. 나의 병명은 그냥 감기 몸살이었다. 문제는 이틀 뒤 제주 출장을 가야 한다. 38.8도의 고열에 시달리며 두 아이를 돌봤다. 무언가에 마음이 뒤틀린 신랑은 찬바람이 불었고, 내가 아픈 데도 도와주지 않았다. 아플 때도 온전히 쉬지 못하는 현실에 서럽고 눈물이 났다. 갖고 있는 모든 약을 목구멍에 털어 넣고, 약 기운 나면 몸을 움직이고 아이를 봤다. 그렇게 만 이틀을 꼬박 앓고, 월요일 새벽 버스를 타고 김포공항으로 떠났다. 충남 서산에서 제주까지의 여정은 꽤 고됐다. '새벽 6시 버스로 김포공항 → 오전 비행기로 제주로 출발 → 택시 타고 제주공항에서 교육장으로 이동 → 교육 마치고 택시로 제주공항 → 제주공항에서 비행기로 다시 김포공항 → 김포공항에서 지하철로 고속터미널!!' 집에 가는 막차를 놓칠까 봐 전전긍긍 경보 수준으로 걷고 뛰고를 반복한 결과, 버스에 무사히 올랐다. 그리고 캄캄한 밤, 서산 터미널에서 집까지 걸었다. 하루가 참 길었다. 지방에서 제주까지 날아다닌 하루. 잊을 수 없다!

## 9. 워킹맘, 성장 노하우

육아에 집중하며 나의 취향을 잊고, 변화를 좇지 않았다. 나자신을 잊고, 보금자리에서 너무도 평온하게 지내다 보니, 어느새 정체되어 있음을 느꼈고, 무력감과 우울감에 옴팡 파묻혀 있었다. 아무것도 하고 싶지 않으면서도, 무언가를 하고 싶은 모순된 감정 속에 머물러 있었다.

그런 어느 날이었다. 아이 둘을 모두 재우는 데 성공한 후, 세상과 소통하는 가장 일반적인 방법, 핸드폰을 만지작거렸다. 혼자 보기 아까운 아이들의 영상과 사진을 인스타그램에 올리고, 공감받으며 일상을 나누는 소소한 행복을 누렸다. 하루에 1~2개 포스팅도 아이들이 자는 시간에나 가능했다. '좋아요'를 많이 받은 날에는 성취감도 느꼈다. 엄마의 취미 생활은 특별하지 않았다. 남들과 마찬가지로 육아하고, 포스팅하고, 감정을 나누며 동고동락하는 사이, 엄마로서의 경력은 하루하루 늘었다.

내 게시물을 올리고, 다른 사람의 게시물을 기웃거리던 중 광고 글 하나가 눈에 들어왔다. 아이 둘도 힘든 나에게, 세 아이 이상을 키우는 엄마는 그 자체로 존경의 대상이다. 그런데 아들 셋을 키우는 평범한 여성이 재테크를 공부하고 투자해 책도 내고 자산도 불린 놀라운 성공담은 정말 놀라웠다.

그날 이후로 책을 읽기 시작했다. 김유라 작가님이 권하는 공부법과 독서법은 돈 없이도 실천할 수 있었다. 아이 셋을 데리고 도서관에 다니며 보고 싶은 책을 마음껏 읽었다는 작가님의 조언처럼, 나 역시 도서관을 자주 찾았다. 도서관을 선택한 이유는 돈을 들이지 않고도 공부할 수 있기 때문이었다. 육아서와 재테크, 자기 계발서를 중심으로 닥치는 대로 읽었다. 김유라 작가님은 당시 나의 롤 모델이었고, 그래서 똑같이 따라 하며 성공의 뒤를 잇고 싶었다.

한 권의 책을 시작으로 연쇄 독서를 한 지 700일. 육퇴 후, 또는 아이들 낮잠 때마다 틈틈이 책을 읽고 공부하며 미래를 그렸다. 엄마가 된 이상 포기할 수 없는 육아, 그리고 가사로 반복되는 하루 속에서 매너리즘을 느꼈다. 지하 바닥까지 나를 무기력하게 만들던 매너리즘의 탈출구는 뜻밖에도 '책'이었다. 우연히 접한 책 한 권이 나를 움직이게 했고, 그로 인해 인생이 달라졌다.

### Ep 1. 시작의 트리거 '책'

책은 내가 원하는 시간에, 원하는 만큼 볼 수 있다. 철저히 나를 중심으로, 이기적으로 자기 계발 할 수 있는 도구다. 애들 재우고 심야에 읽을 수도 있고, 이동 중에 잠깐 환기 차원에서 볼 수도 있으며, 잠들기 전 수면제로 활용할 수도 있다. 원하는 분야의 책을 여러 권 사서 보면 경제적으로 부담될 수도 있다. 그래서 나는 도서관 책을 적극 활용한다.

도서관 책의 장점은 여러 가지가 있다. 그중에서도 '강제성'이 가장 큰 매력이라고 생각한다. 대출 기한이 정해져 있기 때문에, 정해진 기간 내 책을 봐야 한다는 강제성이 책을 완독하게 만든다. 내 돈 주고 산 책은 소장의 가치가 있지만, 말 그대로 '소장'만 하게 될 확률이 높다는 것을 경험으로 알았다. 도서관을 다니는 일이 번거로울 수 있지만, 이 번거로움이 오히려 운동이 되고, 생각도 건강하게 만든다. 내 발로 신성한 도서관을 찾으며 나쁜 생각을 하는 이가 몇이나 될까? 도서관, 그리고 도서관에 찾는 사람들의 에너지, 기운 을 느끼며 오늘도 내일도 발전해야겠다는 의지를 다지게 된다. 아이와 함께라면 자녀 교육에도 도움이 된다. 도서관은 정숙해야 하는 곳이라는 규칙을 몸에 익히는 공간이자, 책과 친숙해지는 계기가 되기 때문이다.

아이들이 등원하고부터 하원하기까지 소중한 5시간을 얻었지만 그토록 벌고 싶은 돈은 당장 벌 수 없었다. 주 양육자로서 아이들을 챙기며 일할 수 있는 근무지를 찾는 것은 어려운 일이었다. 돈을 벌고 싶지만 그러지 못해 조급한 마음을 책으로 달랬다. 아무것도 하지 않으면 불안하고 우울해질 것이 뻔했기에, 빈 시간을 책으로 채웠다. 머릿속에 지식을 넣는 것이 곧 돈 버는 일, 즉 투자라고 생각했다. 아이들이 등원하면 스터디카페를 찾았다. 1시간에 3천 원이라는 이용 금액이 부담스럽고, 안 쓰던 돈을 쓰려니 아까웠다. 나에게 필요한 건 시간인데, 내 시간을 쓰면서 돈을 내는 것이 좀 억울하게 느껴졌지만, 이런 감정을 느끼는 것조차 사치라는 생각에 무조건 책을 읽었다. 그간 몰랐던 지식과 정보로 머릿속을 채우는 기분이 꽤 즐거웠다. 핸드폰을 보며 흘려보낸 지난 시간들이 후회되고 아까웠다. 반성과 동시에, 부자나 가난한 사람이나 모두에게 똑같이 주어진 24시간을 값지게 쓰자고 다짐했다.

그렇게 책을 읽으며 지식을 얻고, 생각을 정리하며 살아있는 아이디어를 얻었다. 일분일초를 허투루 쓰지 않으려 안간힘을 썼다. 시간을 돈으로 치환하기 위해 멈추지 않았다. 낮 시간에는 머리를 바닥에 댄 적 없고, 청소하면서도 주식 시황과 경제 유튜브를 들었다. 멀티플레이어의 소질을 재확인하고, 자질을 발휘했다. 공부하고, 그 시간을 돈으로 바꾸려 노력했다. 마땅한 일거리를 찾기 전까지 내가 할 수 있는 일은 독서와 공부뿐이었다.

책에서 얻은 성공 공식, '행동해야 한다'는 말을 실천한 지 100일이 지났다. 그리고 100일의 기적이 일어났다! 드디어 돈을 벌었다. 월 22,500원이라는 적은 금액이지만, 돈을 벌었다는 사실만으로도 의미가 컸다. 감사하게도 월수입은 점점 늘어났다. 공부한 지 3개월 만에 첫 소득이 생겼고, 소득은 스노우볼처럼 점점 불어나는 경이로운 경험을 했다. 크든 작든 수입은 매월 발생했고, 근로소득, 금융소득, 짠테크 등 모양새는 각각 다르지만,

내가 다시 돈을 번다!

이 글을 쓰는 시점에서 변화를 결심한 지 900여 일이 지났다. '대표

님, 강사님, 선생님' 등 나를 부르는 호칭이 늘었고, 지금은 '작가님'을 향해 분주히 키보드를 두드린다. 껍데기는 가라! 겉만 번지르르하고 허울만 좋은 것을 좋아하지 않는다. 진정성 있는 말과 행동, 실용적이고 도움이 되는 결과물을 좋아한다. 목표를 정하면 올인하는 편이다. 그래서 '꿈'을 '현실'로 이루기 위해 시간과 애를 쓴다.

 책 속에는 성공러들의 지론이 담겨 있다. 그대로만 하면 나도 금방 성공할 수 있을 것 같다. 팔랑귀를 가진 게 이렇게 도움이 될 줄이야! 성공러들처럼 아침에 일어나서 이부자리를 정돈하고, 루틴한 동작을 반복하며 '나는 남과 다르다'는 확언을 마음에 새기고 자신감을 차곡차곡 키웠다. '아무것도 하지 않으면 아무 일도 일어나지 않는다'는 걸 안다. 책에서 얻은 정보 중 할 수 있는 것들을 하나씩 실천해 보자고 다짐했다. 움직이며 생산적인 일을 찾았고, 외벌이 가정의 부수입을 만들기 위해 N잡러를 꿈꿨다. 예전처럼 일에만 올인하던 때와 달리, 이제 나는 결혼한 두 아이의 엄마다. 전에 없던 '두 아이', '가정', 챙길 거리가 두 개나 늘었다. 숫자로는 단 두 개지만, 시간 할애 면에서는 상당하다. 육아와 가사로만 가득했던 24시간에 '일'이라는 새로운 역할을 더하니 힘이 들 수밖에 없었다. 잠자는 시간을 줄여 책을 읽고, 필사하고, 블로그를 썼다. 유튜브로 틈틈이 애널리스트들의 주식시황을 공부했다. 유료 결제한 텔레그램도 매일같이 보며 트렌드를 읽으려 했다. 난생처음 종이신문을 구독했다. 집안일을 하거나, 아이들 등하원할 때 귀에 이어폰을 꽂고 주식, 부동산 관련 유튜브 콘텐츠를 들었다. 일분일초도 허투루 쓰고 싶지 않아 나를 더 채찍질했다. '초심을 잃지 말자', '나태해지지 말자'는 다짐을 계속했다.

  책을 읽는다고 당장 돈이 생기거나 성공하지는 않지만, 차분히 나의 것을 만드는 재미가 있었다. 그리고 강의를 할 때도 사례 개발이나 토론 소재로 내가 읽은 책들이 떠올라, 교육생들과 좀 더 신뢰감 있게 소통하는 데 도움이 된다. "독서가 정답이다. 책 안에 길이 있다" 같은 상투적일 수 있는 말들은 진리였다. 책을 읽으며 자신감도 기를 수 있었다. 나보다 먼저 경험하고 성공한 사람들의 이야기를 책으로 접하며 미래의 방향을 정할 수 있었고, 소신도 생겼다. 행동할 때 가장 필요한 '확신', '신뢰'를 책을 읽으며 단단히 다져갔다. 몰랐던 것을 알고, 아는 만큼 보이기에 견문도 넓어지고, 생각이 확장되며, 내가 움직일 수 있다는 가능성을 발견했다. 이런 과정에서 자신감도 생겼다. 그간 정체되어 있던 나와 달리 '움직여야 사는 나'를 발견했고, 그 원동력으로 나는 계속 움직이고 있다.

  나도 할 수 있다는 각오와 의지를 불어넣어 준, 큰 동기부여가 된 책 《아들 셋 엄마의 돈 되는 독서》의 저자 김유라 작가님께 감사한 마음을 전한다. 나처럼 무력감이 가득한 엄마들에게 어쩌면 희망이 될 수 있는 이 책을 추천한다. 죽으라는 법은 없다! 언제든 시작할 수 있고, 깊고 깊은 갈증만큼 그 이상의 미래와 내일이 늘 기다리고 있다는 걸 안다. 인생의 행복 총량은 누구나 같다고 생각한다. 자신에게 온 행복을 얼마나 느끼고, 얼마나 가치 있게 여기느냐의 차이다. '누구나 행복하다'는 것은 누구나 가질 수 있는 특권이다.

### ▶▷ 책 읽기가 어려운 사람에게 – "간지러운 곳을 긁어주는 책"을 찾자

책이 중요하다고, 감사한 존재라고 거듭 강조하는 이 시점에서의 반전! 사실 나는 책과 친하지 않았다. 교육회사에서 10년 동안 타인에게 '배움과 성장'을 권했지만, 정작 나는 공부하지 않았다. 우리 회사는 직원 복지도 교육 서비스로 가득했고, 매달 필독서를 읽고 독후감을 썼다. 하루 1시간씩 온라인 교육을 들어 1년에 365시간을 채워야 했고, 매주 금요일에는 1시간 일찍 출근해 연사의 강의를 들었다. 학습동아리와 스스로 정한 목표를 이행하는 커뮤니티 활동도 있었다. 사람들과 어울리는 건 즐거웠지만, 독서나 온라인 교육에는 재미를 붙이기 어려웠다. 당시는 '교육'의 필요성을 실감하지 못했고, 회사에서 지정해 주는 필수교육은 의무적으로 다가와 동기가 생기지 않았다. 기한에 맞춰 진정성 없이 과제를 하고, 교육을 이수해 학점을 채웠다. 회사 포인트로 원하는 책을 사서 볼 수 있었지만 흥미롭지 않았다. 외부 교육비도 지원받을 수 있었지만 크게 활용하지 않았다. 지식을 쌓기보다는 당장의 보상과 쉼이 더 좋았다. 미래를 계획하거나 목표를 세워 움직이지도 않았다. 그때는 그랬다. 아쉬울 것도, 두려울 것도 없었다. 회사에서 커리어를 쌓기보다는 마음 맞는 사람들과의 관계에서 오는 즐거움이 더 컸다.

십 년이 지난 지금, 아쉬움이 크게 남는다. 일로도 성장하고, 돈에도 해박해서 계획적으로 움직였다면 얼마나 좋았을까 싶다. 지금보다 기회도 시간도 많았던, 돌아갈 수 없는 그때가 그립다. 지금의 생각과 가치관을 갖고 과거로 돌아갈 수 있다면 참 좋을 텐데⋯ 그때 책 좀 읽을걸, 좀 더 준비할걸 하는 후회가 짙다. 호사를 누리지 못한 지금, 나는 '껄무새'가 되었다.

그랬던 내가 지금은 2주에 한 번씩 도서관에서 5권의 책을 빌려 읽는다. 시작은 "육아서"였다. 엄마도 엄마가 처음이라 아이 둘과 맞닥뜨리는 현실이 모두 문제로 여겨졌다. 반복되는 고충에 해결이 필요했지만, 방법을 몰랐다. 육아서를 읽으며 마음의 안정을 찾았다. 내 마음이 복잡하고 어렵고 눈물 날 것 같은 상황이 당연하다는 위안을 얻었다. 스스로 평정심을 찾고 나니, 문제가 반복되는 원인과 해결 방법을 책을 통해 배웠다. 아이와의 갈등은 내가 원하는 대로 아이를 바꾸려 할 때 시작된다는 점 등, 여러 권의 책을 통해 반복적으로 얻은 이야기들이 마음속 복잡함을 정리해 주었다.

육아서 다음으로 '재테크', '자기 계발서' 등 나를 위한 분야에 관심이 커졌다. 자기 계발서를 통해 성공한 사람들의 공통점을 자연스레 익혔고, 책 속에 등장하는 다른 책의 이름을 발견하면 그 책을 또 읽었다. 이보다 좋은 추천 도서가 있을까? 다음에 어떤 책을 읽을지 고민하거나 검색할 필요 없이 도서 리스트가 자동으로 채워졌다.

이렇게 계속 책을 읽었다. 경제학을 전공하고도 실질적인 경제 흐름을 모르고 살아온 내가 후회되고 부끄러웠다. 지금도 경제 분야에서 박학다식하거나 전문가 수준에도 못 미치지만, 관심을 갖는 것만으로도 큰 차이가 있음을 안다. 세상 사람들과 같은 것, 같은 곳에 관심을 갖고 세상을 바라보니 엄마가 아닌 다시 '나'로 사는 기분이었다. 가정 보육 4년 동안 아이들과 칩거하며 세상과 단절돼 있었다는 사실도 깨달았다. 결혼 전에도 나의 관심사는 편협했고, 매우 국한적이었다는 반성도 했다. 조금 더 시야를 넓혔다면 나의 경제, 견문, 생활도 달라졌을 것이라는 확신이 뒤늦게 들었다. 주식, 부동산 관련 책을 읽고, 인플루언서 또는 전문가들의 텔레그램, 유튜브를 접하며 '10년 전에 내가 이런 걸 알았다면' 하는 후회가 깊다. 다시 한번 껄무새 인증.

투자 관련 책을 읽으며 새롭게 배운 점은 지출에도 소비지출과 투자지출이 있다는 사실, 그리고 지출 줄이는 데는 한계가 있어 부수입 만들기에 더 집중해야 한다는 것이었다. 행복한 가정을 위해 '투자지출'과 '부수입 만들기'라는 개념을 알고 실천하고자 했다. 투자지출을 위해 책을 통해 용어를 익히고, 성공한 투자자들의 철학을 배우며, 주식과 부동산이 무엇인지 큰 그림을 확인했다. 이들이 활동하는 블로그, 유튜브, 텔레그램을 통해 최신 정보와 동향도 파악했다. 책에서 배운 '투자지출'과 '부수입 만들기' 중 나는 '부수입'에 특히 열과 성을 다하기로 결심했다. 근로소득의 물꼬가 트였고, 규모는 매우 작았지만 그 의미와 가치는 매우 크고 훌륭했다.

'부수입 만들기'를 목표로 시작한 나의 움직임은 안정적인 '워킹맘'으로 성장하는 결과를 가져왔다. 워킹맘으로 성장할 수 있었던 꿀팁들을 하나씩 적어보고자 한다.

### Ep 2. "할 수 없는 것" 말고 "할 수 있는 것" 찾기

시공간의 제약이 적고, 근로 시간을 재량껏 쓸 수 있는 재택근무나 프리랜서 일을 알아봤다. 일하며 마음의 평안도 유지할 수 있는 일이 필요했다. 내가 무너지면 가정도 위태롭기에, 모두를 지킬 수 있는 '안전한' 일거리를 탐색했다.

가장 일반적인 일자리는 오전 9시에 출근해서 오후 6시에 퇴근하는 곳이지만, 이제는 더 이상 일반적이지 않다. '육아'라는 강력한 과업이 떡하니 취업 문을 가로막는다. 양가 부모님의 도움을 받거나 육아 전담자를 찾기 어렵다 보니, 나의 역할을 분담하고 다른 곳에 시간을 쏟는 일도 불가능하다. 두 아이 중 하나가 아프면 병원 진료를 보거나 집에서 휴식을 취하는 날도 필요하다. 직장 생활에 집중하면서 매일을 불안하게 살 수는 없었다. 육아를 전적으로 내려놓고 움직이기에는 대안이 없고, 여기저기 덜컥 맡겨 놓는다고 적응할 아이들도 아니다. 언제 아플지 모르는 아이들에 대한 걱정으로 규칙적인 일을 찾는 건은 꽤 리스크가 크다. 걱정 많은 나에게는 더더욱 그랬다.

따뜻한 봄이 지나간다. 3월의 꽃샘추위가 물러가고, 서서히 더위가 밀려온다. 아이들을 등원시키고, 책 보고 공부하며 100일 가까운 시간을 보냈다. 배움을 통해 얻는 성취감과 기쁨도 감사하지만, 뚜렷한 성과 없이 시간이 흘러가자 마음이 조급해졌다. 이럴 때마다 성격 급한 내 모습이 못마땅하다. 그렇다고 달리 방법이 있는 것도 아니다. 급한 성격을 다시금 확인하며, 일자리를 찾는 데 더욱 집중했다.

그렇게 해서 얻은 나의 첫 번째 잡(job)은 '온라인 교육'을 이수한 수강생이 제출한 과제를 채점하는 '튜터'였다. 모든 일이 비대면으로 진행되어 활동에 제약이 있는 나에게 딱 맞는 일이었다. 보수가 적은 게 좀 아쉬웠지만, 일을 할 수 있다는 사실으로도 충분히 만족스러웠다. 나에게 필요한 것은 경력을 이어가는 일이었기에, 우선 뭐라도 시작해야 했다. '온라인 튜터'라는 타이틀을 얻는 과정도 만만치 않았다. 수강생이 학습한 내용을 채점하는 일이었기 때문에, 튜터로서의 전문성을 인정받기 위한 자격 검증이 필요했다. 그간 해온 일들을 경력 기술서에 적고, 경력증명서와 함께 지원서를 제출했다. 교육기업에서 10년간 교육 담당자, 수강생, 강사와 온오프라인으로 대면하며 쌓은 경력이 다행히 도움이 됐다.

첫 급여 '22,500원'은 작디작았지만, 사회로 재진출하는 시작점이었고, '온라인 지도 교수'라는 타이틀이 생긴 것만으로도 내게는 충분히 가치롭고 의미 있었다.

할 수 없는 것을 제외하고, 할 수 있는 것을 찾으며 한계를 느꼈지만, 그 안에서도 분명히 할 수 있는 게 있었다. 기대와 희망을 한 몸처럼 가까이 두고, 부단히 움직이며 내 일을 결국 찾았다!

**Blog    주말 육아, 짬짬이 독서                    2023. 1. 7.**

조금 자고 하루 종일 졸리고 피곤했다. 어제는 일부러 육퇴와 동시에 잤다. 12시간 잤는데도 졸리고 컨디션 저조. 잠잔 시간이 아깝다. 똑같이 피곤할 바엔 밤에 안 자고 말지. 잠과 바꾼 포기한 일. 기회비용에 화가 난다.

주말 애 둘과 시간을 보낸다. 다이소에서 생활용품 이거저거. 도서관에서 예약 도서와 아이들 책 빌리고 맥도날드 해피밀로 아이들 놀잇감 충전. 위장이 말썽이라 뜨아를 내 속 모르게 눈치껏 살짝살짝 흡입.

집에 가려다 둘째 낮잠 시간이 겹쳐 근처 곤충생태체험장으로 왔다. 먹잇감 사야 하는데 현금 1,700원 무슨 일……. 아이들에게 또 경제교육 시전이 예상된다. 그새 잠든 아이들. 엄마는 덕분에 블로그 하고 책 본다.

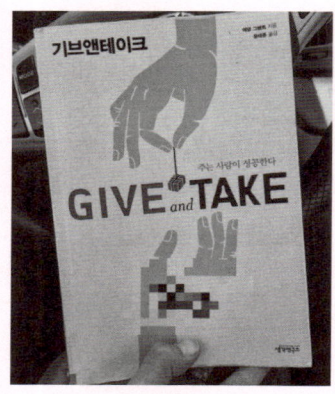

어떻게든 감사함을 느끼고 힘내자.

오늘을 기록.

#주말 #일상 #육아 #독서 #충전

### Ep 3. 워킹맘 5가지 성공 꿀팁

(꿀팁1) **실력은 돈이 된다**
  - 책, 유튜브, 스터디, 자격증

앞서 책의 중요성과 독서의 효과에 대해 충분히 이야기했다. 이후는 책 이외에 나의 실력을 키울 수 있는 도구와 방법들을 소개하고자 한다.

### ▶▷ 구독료 아까워 읽게 되는 종이신문

'배움'을 위해 난생처음 종이신문을 구독했다. 인터넷으로도 정보를 접할 수 있지만, 여러 뉴스를 균형 있게 보기에는 조회수, 댓글 등으로 인해 한계가 있다고 생각했다. 종이신문은 '강제성'의 효과도 분명히 느낄 수 있다.

바쁜 날에는 신문을 제대로 읽지 못하기도 했다. 켜켜이 쌓여가는 신문을 보며 '내가 무슨 돈지랄인가' 하고 스스로 비난하기도 했다. 일요일을 제외하고 매일 집 앞으로 신문이 배달된다. 배달비가 2~5천 원인 요즘, 한 달에 25번 종이신문이 집 앞으로 배달되는데 2만 원을 지불하는 것은 결코 비싼 일이 아니다. 쌓여가는 신문을 그냥 둘 수만은 없었다. 이렇게라도 세상의 흐름을 알고자 했다.

### ▶▷ 재미있게 공부하기 좋은 유튜브, 실속 있는 온라인 강의

유튜브도 공부하기에 정말 좋은 도구다. '해볼까?' 하는 의지만 있다면 관심 있는 주제를 찾아 나열되는 영상을 클릭하기만 하면 된다. 수동적이면서도 최소한의 노력과 비용으로 각 분야 전문가의 지식과 정보를 얻을 수 있어 꽤 매력적이다. 설거지할 때나 이동 중에 멀티태스킹을 하면 시간을 효율적으로 활용할 수 있다. 좋아하는 음악을 들으며 종종 기분 전환도 한다. 이 때문에 음악과 영상 중 늘 고민이지만 굳은 결심을 하고 '배움'을 목적으로 유튜브를 고민하는 날은 머리에 지식을 채우는 기쁨이 크다. 내친김에 '좋아요', '구독'까지 누르면 지식 제공자들에게 감사의 마음을 전하는 것 같아 뿌듯함마저 느낀다.

나라는 상품을 찾는 사람이 많아져야 한다. 지식, 태도, 스킬, 무엇이든 나의 강점을 만들어 부가가치를 높여야 살아남을 수 있다. 그래서 교육을 추천한다. 강의를 듣는 것도 좋고, 온라인 강의도 환기와 자극을 줄 수 있다. 유명한 강사의 생각과 행동, 질 좋은 콘텐츠를 내 시간이 허락될 때 비교적 손쉽게 배우고 영감을 얻을 수 있다. 의지만 있으면 무엇이든 할 수 있는 세상이다. 단, 지속력이 반드시 중요하다. 루틴의 힘은 매우 강력하다. 타이탄의 성공 공식을 나에게도 적용해 보자. 그리고 전과 후를 비교하자. 내가 들인 노력과 시간에 성과는 반드시 보답할 것이다.

### ▶▷ 사람이 모이는 곳에서 배우기 - 워크숍, 강의, 세미나, 스터디, 동호회

시작하는 사람에게 가장 추천하고 싶은 공부법은 '사람'을 만날 수 있는 '곳'에 가보는 것이다. 세미나, 워크숍, 스터디, 강연 등 배움을 목적으로 사람들이 모이는 곳에는 늘 좋은 에너지가 흐른다. 과거 나는 수많은 연수과정을 담당했다. 교육장과 연수원을 많이 다녔지만, 정작 내 머릿속에 지식을 채우는 일은 드물었다. 팀장 리더십, 임원 MBA, 계층 교육 등을 운영하며 많은 교수님, 박사님, 각계 전문가들을 모셨지만, 사비로 모시기 힘든 석학들의 말씀을 제대로 귀담아듣지 못했다. 강의 콘텐츠와 전달 스킬 등, 지금 알면 참 좋았을 것들을 많이 놓쳤다. 나도 함께 성장할 수 있었을 텐데, 그렇게 남 좋은 일만 10년을 했다.

 이후 4년간은 육아와 가사에 온 열정을 쏟았다. 4년 동안 마음 편히 씻지도, 먹지도, 자지도 못했다. 나 혼자 잠들고, 눈을 떴을 때 혼자인 적이 없었다. 늘 아이들과 자웅동체처럼 시간을 보냈다. 집에서는 물론이거니와 밖에서 혼자 시간을 보내는 일은 엄두도 못 냈다. 지방 출신답게 육아와 가사 등 대부분의 생활 방식을 꽤 보수적으로 지냈다.

 그러던 중 아주 우연한 기회에 18시간짜리 워크숍의 수강생이 됐다. 수강생 모집 공고를 봤을 때, 감히 꿈도 꾸지 못했다. 교육을 듣고 싶었지만, 애 둘 육아가 걸렸다. 남편은 직장에 다니고, 나는 집안일을 전담했다. 남편은 육아에 익숙지 않았다. 내가 워크숍에 가려면 남편이 아이 둘을 아침부터 저녁 먹기 전까지 돌봐야 하는데, 영 불안했다. 고민이 많았다. 고민할수록 걱정과 두려움이 커졌다. 결국 지르고 말았다. 마음 가는 대로 움직이기로 용기를 냈다. 남편에게 이 사실을 알렸을 때 남편이 웃으며 반길 리 없었다. 아이 둘을 오롯이 돌본 적이 없었으니 더욱 그랬을 터. 하지만 긴긴 시간 아이 둘을 집에서 돌봐온 나로서는 욕심을 부릴만했다. 처음이라 서툰 건 인정! 하지만 남편도 부모이고, 말하고 걸을 줄 아는 아이 둘과 살 비비며 지내는 시간이 서로에게 도움이 될 거라 믿었다. 그렇게 나는 6시간씩 총 3일, 18시간의 워크숍을 즐길 수 있었다.

워크숍의 시작, 중간, 끝 모든 순간이 남달랐다. 매 순간 집중했고, 굳은 머리를 소생시키듯 애써 고민하고 생각했다. 그리고 감사했다. 오롯이 '나'로서 내 시간을 쓸 수 있다는 사실이 너무 행복했다. 가족을 위한 시간이 아닌, 나를 위한 시간이 꿈 같고 꿀 같았다. 교육 마지막 날, 난 이 워크숍을 '첫사랑과 재회한 기분'이라는 다소 오글거리지만, 매우 솔직한 감정으로 표현했다. 정말 그랬다. 과거 무수히 떠돈 강의장. 그리고 오랜 시간이 흐른 뒤 다시 찾은 강의장은 전혀 달랐다. 타인을 위한 교육과 나를 위한 교육의 차이였다. '감사'로 가득 찬 워크숍을 마치고 이튿날, 뜻밖의 선물이 찾아왔다. '기회'라는 이름으로 포장된 내 인생의 '행운'이었고, 그 행운은 '기적'과 '행복'을 가져다주었다. '첫사랑과 다시 만난 기분'이라고 표현한 그 교육은 '영광'이었다.

워크숍을 이끈 퍼실리테이터로부터 강의 의뢰를 받았다. 얼떨떨한 마음에 '내가 할 수 있을까?' 싶었고, 겁도 났지만 하고 싶었다! 내게 강의를 맡긴 강사는 계속해서 자신감을 심어주었다. 또 그간 알고 지낸 지인들의 도움을 받아 강의를 준비하고 진행할 수 있었다. 그리고 지금, 퍼실리테이션 교육을 신청할 때는 상상도 못 했던 '공인인증 퍼실리테이터'가 되었고, 전국을 무대로 수강생과 소통하는 강사로도 일하고 있다.

### ▶▷ 자격증으로 취업 관련 실력 검증

자격증을 취득하는 것은 취업 실력을 검증하는 좋은 방법이다. 국가

자격증이 더 유망할 수 있지만, 국가자격증에 비해 취득이 쉽고 경력을 어필할 수 있는 민간자격증도 충분히 가치가 있다. 나 역시 아이를 키우는 부모로서 돌봄이나 유아 대상 교육을 대비하여 '부모교육 자격증', '방과후 교사', '독서지도사' 등 민간자격증을 취득했다.

아이를 키우며 나만의 시간을 내는 것은 쉽지 않다. 나 역시 그랬다. 아이들 잠든 시간을 활용하는 것이 가장 쉬운 방법이었다. 잠자는 시간을 쪼개 미래를 위해 투자했다. 혼자 하는 공부는 이런 방법이 가능했다. 예를 들어 독서나 온라인 교육은 시간대 상관없이 혼자 집중할 수 있는 시간만 있다면 계획대로 진행할 수 있다. 문제는 타인의 스케줄에 맞춰 움직일 수밖에 없는 교육 또는 시험이다. 이때는 반드시 누군가의 도움이 필요하다. 나는 사정상 양가 부모님의 육아 지원을 받기 어려웠기에 남편과의 협의가 필수였다. 그러나 이 역시 계획대로 되지 않을 때가 많았다.

공인인증 퍼실리테이터 서류 전형에 통과하고 면접을 보던 날 아침, 신랑의 육아 지원 없이 아이 둘과 남게 되었다. 오전 중 비대면 면접을 치러야 했고, 7살, 5살 된 두 아이는 미취학 아동이라 여전히 부모의 손길이 필요했다.

"엄마 방에 들어오면 안 돼! 그럼 남미현 씨 탈락이야. 절대 들어오면 안 돼! 알겠지? 엄마 방에서 시험 보고 금방 나올게! 꼭 기다려야

해. 준우, 지유 할 수 있지!?"라고 강력한 주문을 넣고, 좋아하는 영화를 틀어주고 방문을 걸어 잠그고 면접을 시작했다. 하지만 첫째가 울며 방문을 두들긴다. 우주의 모든 기운을 불러 모아 '합 to the 격'을 목표로 면접관의 질문에 답하던 나, 문 하나를 사이에 두고 울고 보채는 1호 탓에 해머로 머리를 맞은듯했다. 한 사람당 30여 분의 면접이 진행된다. 무시하거나 아이를 달래거나 둘 중 선택해야 했다. 아이를 무시하고 면접을 치르기는 도저히 집중이 어려운 상황이었다. 선택의 여지가 없다. 면접관에게 양해를 구하고 아이를 달래야 했다. 약속을 안 지킨 1호가 너무도 원망스러웠지만, 아이를 탓할 겨를도 없었다. 다시 한번 당부하고 면접에 임했지만, '나는 이렇게 떨어졌다'는 생각이 머릿속을 온통 장악했다. 그럼에도 남은 시간 최선을 다했고, 마지막 한마디에서는 그간 공부한 책을 화면 앞에 펼치며 앞으로도 성장하겠다는 포부를 전했다. 눈물이 앞을 가리는 촌스러움과 함께 면접을 마쳤다. 준비한 대로 시간을 채우지 못한 허탈감으로 합격자 발표일을 맞았다. 그리고 뜻하지 않은 쾌거를 맞았다. 그렇게 갖고 싶던 '공인인증 퍼실리테이터' 자격을 취득했다! 합격 소식을 들은 순간, 두 아이와 맥도날드에 있었다. 엄마가 합격했다며 기뻐 호들갑 떨던 그 순간이 아직도 기억난다.

### ▶▷ 체력도 실력!

사람은 자신의 몸이 건강하고 에너지가 가득할 때 무언가 하고 싶은 욕구가 생긴다. 나도 그랬다. 아이 둘을 집에서 돌보는 일은 행복하지만, 때로는 내가 완전히 소진되기도 한다. 하루를 마치고 잠자리에 들 때면 그야말로 몸이 너덜너덜 심신이 피로했다. 지친 몸을 핑계로 신경은 날카롭고 예민했다. 반면 아이들은 잠들기 직전까지도 힘이 넘쳤다. 할 수만 있다면 아이들의 배터리를 빼서 강제 수면 시키고 싶은 마음이 굴뚝같았다.

낮에는 아이들의 의식주를 챙기고 난 뒤에야 내 일을 할 수 있었다. 아이들에게 우선순위를 내어준 시간과 에너지는 늘 나를 위해서는 뒷전이었다. 결국 아이들이 잠든 밤이 되어서야, 잠 못 자고 자기 계발에 열중했다. 그 시간이 얼마나 달고 소중한지, 몰입하면 깊은 새벽녘에야 겨우 눈을 붙였다. 대신 다음 날의 육아는 고되다. 잠을 못 잔 탓에 피곤이 짙다. 컨디션이 좋을 리 없다. 아이들에게 상냥하지 못함을 알면서도 통제하기 어려웠다. 뫼비우스의 띠처럼 피곤하고 지친 날의 육아가 빙빙 계속됐다.

나를 지키는 힘은 곧 아이를 지키는 일과 같다. 그래서 나만의 시간을 절대적으로 사수해야 한다. 그래야 충전할 수 있고, 아이 둘을 돌볼 수 있다. 아이들로부터 방해받지 않는 시간, 해방된 시간을 만들어야 했다. 지금은 어린이집에 보내는 시간이 있어 한결 낫지만, 가정 보육 시절에는 아이 둘이 자는 시간이 곧 나의 시간이었다. 아이들은 자고 엄마는 깨어있는 시간, 잠을 줄여서라도 스터디 시간을 만들 수 있어 다행이고 행복했다. 이는 곧, 최고의 충전 방법이기도 했다.

하루하루 무탈하게 흐르는 보통날이 감사했다. 하지만 뭐든 계속되면 당연한 줄 알고, 당연함은 소중한 것도 무던함으로 바꾼다. 무탈하지만 변화 없는 날의 연속은 나를 무력감에 몰아넣었다. 육아가 반복되는 어느 날, 내가 무기력을 느꼈던 이유는 바로 '변화 없는 삶'이었다. 발전 없는 나날을 몹시도 못 견딘다. '남미현' 내 이름 석 자로 살던 시절도 "회사-집" 쳇바퀴 같은 일상을 반복할 때, 무료함을 느꼈다. 날짜와 시간만 다를 뿐, 하루를 채우는 모양이 똑같았다. 어제 같은 오늘, 오늘과 다를 바 없는 내일을 살아내려니 신나지 않았다. 타성에 젖어 목표가 없었기 때문이다. 나는 눈에 보이지도, 손에 잡히지도 않는 무언가를 추구하며 내가 살아있음도, 재미도 느낀다.

하고 싶은 일을 하기 위해서는 체력을 길러야 한다. 좋아하는 일을 하며 마음을 충전하는 것 역시 체력을 지키는 일이다. 변화를 위해 움직이고, 움직이기 위해 시간을 확보하며, 그 시간에 변화를 도모한다. 돌고 도는 물레방아 같은 시간이 쌓이면, 나는 성장해 있더라!

**Blog**     수많은 노력의 결과물을 만나다     2022. 4. 22.

"수많은 노력의 결과물을 만나다 / 오늘의 운세 84년생 쥐띠"

운은 존재한다고 믿는다. 일이 잘 풀리거나 반대로 안 풀릴 때 그날의 운세가 궁금하다. 종이신문 보며 꼭 짚고 넘어가야 하는 바둑판 옆 '오늘의 운세'.

오늘은 운이 좋았다. 그리고 육퇴하고 마주한 오늘의 운세. 그렇다. 오늘은 운이 좋은 날이었다. 그간의 노력으로 인하여.

## I. 수많은 노력

'행복한 부자'가 되기 위해 노력한다. 당장 성에 차는, 가시적인 성과가 없어 늘 아쉽지만. 그럼에도 불구하고 희망과 기대를 안고 노력한다. 내가 하는 노력은 자기 계발. 자기 계발을 하며 아끼고, 모으고, 불리는 노력을 한다.

내가 택한 자기 계발 채널은 크게 3가지. 독서, 신문, 텔레그램이다.

① 독서

'책에는 길이 있다'는 말을 요즘 부쩍 공감한다. 책을 선정할 땐 주로 나의 관심사가 반영된다. 재테크, 육아서를 줄곧 빌리고, 책 속에는 정보가 무궁무진하다.

이를테면, 어제 읽은 《부동산 상식사전》에서 아낌e보금자리대출을 알았다. 우대금리를 활용하며 지금 이용하는 시중은행 이자보다 낮은 이자율을 받을 수 있다. 당장 6월, 대출만기일이 도래한다. 책에서 본 정보를 적극 활용, 한 푼이라도 새는 돈을 막을 수 있다.

전국은행연합회에서 전국 은행의 대출금리를 확인할 수 있다는 정보도 얻었다. 이자율에 민감해질 수밖에 없는 금리인상기. 괜히 이곳저곳 기웃거리며 신용등급 강등시키지 말고, 전국은행연합회에서 한 번에 정보를 선별하는 지혜도 필요하다. 알음알음 기억하는 정보를 책을 통해 확실한 정보로 소생시킴.

② 신문
매일 아침 숙제가 온다. 종이신문은 숙제 같은 무언의 압력이 있다. 신문의 생명은 "NEW" 새로움인데, 조간신문이래도 출력, 배포되며 최신성이 떨어진다. 하물며 그날의 신문을 그날 보지 않으면 신문으로서의 가치도 절하.

피곤하고, 바쁘고, 훑어만 보더라도 가급적 1일 1독을 하려 한다. ('기필코'라고 쓰고 싶지만, 지금까지 5번 정도 지나친 적이 있기에) 신문을 통해서는 세상 흐름을 파악한다. 지면으로 본 내용을 인터넷, 뉴스, 지인과의 대화에서 두세 번 반복하면 중요도가 선별된다. 집콕쟁이로서 세상과 소통하는 기분을 얻는다.

③ 텔레그램
부동산, 크립토, 미국 주식 트렌드와 이슈를 접한다. 부동산 추세를 살피며 기회를 찾는다. 투자역량, 투자금도 지금은 부족하지만 관심 갖고 꾸준히 이어 나가면 언젠간 나에게도 좋은 기회가 생길 거라 굳게 믿는다. '비트코인은 중요한 것이다'라는 진리를 상기시키며 꾸자사모 역량을 키워나가는 중.

## II. 노력의 결과물

① 배당금
"말도 안 되는 저평가, 지금 매수합니다"라는 슈퍼개미 라이브 방송을 보며 같이 매수한 금호석유화학. 평가수익 마이너스 두 자릿수를 기록하는 애증의 금호석유화학. 사람은 바꿔 쓰는 게 아니다. 5년 전, 뇌동매매로 뜨거운 맛을 보고 주식을 접었다. 투자 필수 시대임을 깨닫고 1년 전 주린이로 복귀했건만, 다시금 뇌동매매……. ㅜㅜ

그래도 오늘은 내생에 처음 세 자릿수의 배당금을 받았다. 이 또한 그간 노력의 결과물이다. 후회, 반성, 가슴 아픔도 노력이라면 노력인 셈.

② 미니스탁 수익금

미니스탁 개설 기념으로 받은 랜덤 주식 '켈로그', 금리인상과 동시에 주식 하락기에 13.86%라는 높은 수익률 기록. 미니스탁이라 원금도, 수익도 아주아주 아주아주 귀엽다는 게 함정. 자투리로 떨어져 있는 게 보기 싫어 과감하게 매도, 정리했다.

③ 사업 제안 2건

'경력 단절'의 단절의 기회를 호시탐탐 엿본다. 외향적인 기질을 가만두기 아깝고, 에너지를 생산적인 곳과 것에 쓰고 싶다는 욕구가 샘솟는다. 자기 계발도 값지고 소중하지만 지난날의 경력과 나의 강점을 살리며, 돈도 많이 벌고 싶다.

나의 간절함이 하늘에 닿았나 보다. 아직 일을 시작한 건 아니지만 오늘 무려 두 건의 입질이 왔다. 2건 모두 아직 성사된 건 아니다. 하지만 가능성이 보인다. 혹여 진행되지 않아도 좋다. 더 좋은 기회가 있을 거라 믿는다. 당장은 무언가 할 수 있다는 기대감, 희망이 생김에 감사하다. 결국 무언가 잘 해낼 것만 같은 긍정적 사고가 떠나질 않는다.

④ 공모주 포바이포 배정

4월 첫 공모주에 도전했다. 신랑과 내 계좌, 역시나 이번도 균등만 넣었다. 공모주 운은 늘 신랑이 윈! 나보다 1주씩 더 받는 일이 거의 매번 발생. 이번에도 나는 공주, 신랑은 1주가 됐다! 커피값 or 치킨값 벌어 재투자하자.

"하늘은 스스로 돕는 자를 돕는다."

스터디카페에서 연이틀 졸음이 밀려왔다. 줄곧 4시간을 나 혼자 시간을 보내는 일. 환기가 필요했다. 그래서 오늘은 자주 가던 카페에 갔다.

지인에게 전화가 걸려 온다. 스터디카페에서는 받지 않았을 터. 분위기도 적당한 카페길래 받았다. 미래 관련 이야기를 했다. 그리고 차주 미팅을 잡았다.

친구에게 전화가 걸려 온다. 역시나 부담 없는 커피숍이기에 전화를 받았다. 근처에 있어 나와 합류. 현재 투자 중인 아파트 분양권 얘기를 듣는다. 덕분에 실전 감각을 아아아아아주 조금 키웠다. '내가 사는 지역에서는 이렇게 써먹을 수 있구나' 마치 이런 기분.

저녁 준비를 하려는데 지인에게 또 전화. 구상 중인 사업 합류 제안을 받는다. 마다할 이유가 없다.

환기가 필요했는데 제대로 환기한 날. 일상과 환기의 소중함을 어제오늘 느꼈다. 덕분에 힘이 난다. 원하는 건 다 이룰 수 있다. 자신감을 갖고 세상을 대하자. 나는 운이 좋다. 행복한 부자가 될 수 있다.

오늘도 기록.

#자기계발 #오늘의운세 #노력 #성공 #부자

## 꿀팁 2  주어진 밥상 활용하기
- 제도, 정책, 기관

어느 날, 남편이 신문 하나를 건넨다. 내가 사는 지역의 정보와 소식을 담은 월간지다. 그가 손수 동그라미까지 쳐서 내민 내용은 우리 지역의 '여성새로일하기센터'가 경단녀들의 취업 연계를 잘하여 상을 받았다는 내용이다.

경단녀로서 솔깃한 나는, 일 잘하는 기관의 수혜를 기대하며 여성새로일하기센터에 전화했다. 고용노동부 주관 사이트에 이력서를 올리고, 다음 날 센터로 찾아가 상담을 받았다. 내가 하고 싶은 일, 할 수 있는 일들을 상담했지만, 아쉽게도 나의 경력을 살려 당장 할 수 있는 일은 없었다. 적당한 구직 정보가 생기면 연락하겠다는 말을 듣고 집으로 돌아갔다. 그리고 하루 뒤, 여성새로일하기센터로부터 생각보다 빨리 연락을 받았다. 지역 가족센터에서 청소년 학습지도를 위해 일할 사람을 뽑는다고 했다. 동시에 학부모 대상으로 자녀 학습코칭 강사도 모집 중이란다. 혹시 몰라 준비했던 '방과후지도사', '자기주도학습지도사' 자격증이 빛을 발휘할 때다. 결국 가족센터의 '배움지도사', '강사'로 일할 수 있는 기회를 얻었다.

'할까 말까 고민되는 말은 하지 말고, 할까 말까 고민되는 행동은 해라'라는 말의 가치를 확인하는 순간들이 종종 있다. 무언가 얻기 위해서는 행동해야 한다. 가만히 있다가는 가마니가 되는 세상이다. 당장 눈에 보이는 성과도, 소득도 없지만 일자리를 알선하는 기관에 찾아가 채용 정보를 얻었다. 가이드에 따라 움직여 일할 수 있었고, 만족스러운 결과를 얻었다.

'정보'는 중요하다. 여성새로일하기센터를 알게 된 것도 정보를 제공하는 지역 신문이다. 제아무리 정보가 홍수 수준으로 넘쳐 나도, 필요한 정보를 찾지 못하면 무쓸모. 그래서 전문가가 필요하다. 해당 지역의 구직 정보를 누구보다 잘 아는 고용기관의 취업담당자는 구세주와 같다. 나 또한 경력을 이어나갈 수 있는 절호의 기회를 선물받았기에 적극 추천한다.

가끔 혼자 고민하고, 답을 내려는 경우가 있다. 하지만 누군가의 도움, 조언을 구하면 고독한 답 이상의 결과를 가져오기도 한다. 궁금한 분야에서 나보다 더 유능한 전문가가 있다면, 그들의 도움을 구하는 것도 현명한 방법이다. '인적 레버리지'를 잘 활용하는 것도 실력이라는 것을 이렇게 다시 확인했다.

### 꿀팁 3  나를 일하는 사람으로 만들기
**- 사업자등록증, 명함, 법인카드 등 환경 구축**

일하기로 마음먹었다면 일할 수 있는 환경을 만드는 것도 도움이 된다. 계획적으로 일을 추진하는 사람이라면 더 체계적이겠지만, 움직이면서 길을 만드는 나로서는 생각나는 것들을 스폿성(spot)으로 준비했고 그 내용을 적어본다.

### ▶▷ 사업자등록증

2022년 6월, 사업자등록증을 냈다. 움직일 명목이 필요했다. 그래서 무작정 개인사업자를 냈다. 아이 둘 키우며 9 to 6 근무는 어렵다는 판단하에 내린 결정이다.

시간을 자유롭게 쓰는 프리랜서가 되고자 했지만 명확한 사업 콘셉트와 방향을 잡지 못했다. 나만의 콘텐츠를 개발해야 했으나 10년 동안 급여 생활을 해온 나는 꽤 수동적인 사람임을 확인했다. 그럼에도 불구하고 나는 우선! 유명무실한 개인사업자가 되기로 했다.

개인사업자가 되는 방법은 간단하다. '사업자등록증'을 발급받으면 된다. 이를 발급받기 위해서 '회사명, 업종' 등의 필수 기입 항목을 채워야 한다. 나를 가장 잘 나타내는 말이 무엇일까 생각했다. 회사 이름만 들어도 나의 정체성이 묻어나는 네이밍을 고민한 결과, '신나는 컴퍼니'라는 사명을 만들었다.

### ▶▷ 명함

개인사업자를 내고 다음으로 '명함'을 만들었다. 어쩔 수 없이 '대표'라는 타이틀로 명함을 만들었다. 비즈니스의 시작은 인사, 그리고 명함 건네기. 참 민망하고 쑥스럽지만 낯짝 두껍게 내 이름 석 자가 박힌

명함을 내밀었다. 아직도 낯선 '대표'라는 두 글자로 말이다. 이렇게 나는 '신나는 컴퍼니'의 '남미현 대표'가 되었다.

### ▶▷ 법인카드

개인사업자로 일하며 경비도 구분해서 처리해야 했다. 아직은 매출이 저조해서 필요 여부를 논하기조차 이르지만, 이왕 하는 거 제대로 하자고 결심하며, 개인사업자로 신용카드를 발급받았다. 세금을 환급받을 때는 카드명세서를 근거 자료로 제출했다. 진짜 부자는 세금 관리를 잘한다고 하는데, 아직 세금에 대해서 잘 모르지만 이렇게 조금씩 아는 것을 늘려가면 될 것이라고 생각했다.

### ▶▷ 여성인증기업

사업자등록증을 발급받고 3개월이 지났다. 여성경제인연합회에서 운영하는 '여성인증기업' 실사를 받았다. 사업자등록을 한 지 얼마 되지 않은 신생아 수준의 회사 대표로서, 앞으로를 위한 준비라고 생각했다. 여성 대표가 운영하는 회사는 정부에서 간혹 사업을 장려하는 활동이 몇 가지 있다. 예를 들면 기업이나 사회에서 프로젝트를 수행할 때, 일정 부분은 여성기업과 협업하기를 원하는 시행령들이 있다. 이를 활용하면 치열한 경쟁사회에서 운 좋게 사업 성과를 보이는 경우도 있다. 물론, 규모 있는 사업을 이끌기에 '신나는 컴퍼니 남미현 대표'는 배울 것이 무궁무진하다. 하지만 언제 올지 모르는 기회를 반갑게 받아들일 준비는 일찍일수록 좋다고 생각했다. 그래서 여성기업으로 인증받기 위해 필요한 서류들을 준비하고, 현장 실사까지 받은 후 '여성기업'이라는 타이틀을 얻었다.

### ▶▷ 아방이 구입(2009년식, 5만 km 달린 나의 첫 차 '아방이')

만 4년, 애 둘을 쌍둥이 유모차에 태워 움직였다. 적재중량 15kg을 훨씬 초과하여 1호가 6살, 2호가 4살 되는 여름까지 쌍둥이 유모차와 어디든 함께했다. 이러다 바퀴가 빠지지는 않을까 걱정스러운 유모차와의 동행에 마침표를 찍은 건 2022년 9월이다. 서울에서 지방으로 내려오며 줄곧 생각한 세컨드카를 8년 만에 샀다. '몸이 불편하면 돈이 생긴다'는 말대로 돈을 아꼈다. 나 혼자에서 가족이 둘 더 생기자 '세컨드카'의 필요성은 더 커졌다. 그래도 쌍둥이 유모차에 애 둘을 싣고 소아과, 시장, 주변 곳곳을 다녔다. 비가 오거나 너무 추울 때, 아주 급할 때는 택시를 탔다. '배차가 안 되면 어쩌지', '제시간에 택시가 안 오면 어쩌지' 등등의 근심과 걱정을 안고 8년을 지냈다. '인간은 적응의 동물'이란 말도 진리다. 차 없이 8년을 잘 지냈다. 잠깐잠깐 불편할 뿐이었다.

아직은 스케줄이 왕성하지 않지만, 활동 반경은 꽤 넓은 편이다. 스케줄은 가능한데 이동편이 없어 고민하는 날이 늘었다.
'수원, 광주, 구미, 제주… 어떻게 가지???'
지방 일정을 소화하기 위해 차가 필요했다. 내가 사는 충남 서산은 대중교통이라고는 버스가 전부다. KTX만 있어도 참 좋으련만, 그런 날을 바라기보다는 내가 타 지역으로 이동하는 게 더 빠를 것 같다.

 강의나 미팅 일정이 전국에서 열린다. 특히 연수원은 경치 좋은 곳에 위치한다. 경치가 좋다는 말은 '오지'를 뜻한다. 전남 영암, 울산, 속초, 여수, 양평, 안면도 등 이름만 들으면 황홀한 곳들에 직접 찾아가기까지 여정이 길다. 자차가 있으면 이동의 반은 해결된다. 대중교통을 갈아타는 횟수가 줄기 때문에 시간도 아낄 수 있다. KTX역까지 차로 이동하고, 다음 대중교통으로 갈아타면 이동에 소진되는 에너지도 아낄 수 있다.

 차를 사야 하는 명분이 드디어 생겼지만, 차량 구입비가 문제였다. 당시 중고차를 사기 위해 마련한 예산은 500만 원이다. 이 또한 2%대 저금리로 예금담보대출을 받았다. 500만 원이라는 목돈이, 그것도 빚투가 아까웠지만 '일을 위한 투자금'이라는 생각으로 접근하니 목돈을 지출할 수 있었다.

 중고차 시장을 온오프라인으로 둘러볼수록 눈은 높아지고, 예산은 턱없이 부족하다. 이러다가는 영영 쌍둥이 유모차와 이별은 물론이고, 지자체에서만 움직일 것 같은 불길함에 '그냥 사자'고 결심했다. 그렇게 나는 2009년식 5만 km 주행한 아방이(아반떼)의 차주가 됐다. 그리고 기동력의 힘은 바로 나타났다! 차를 사고 일이 더 늘었고, 장돌뱅이 또는 유랑극단처럼 안 가는 곳 없이 다니고 있다. 그만큼 부수입 그래프도 올라갔다.

무언가를 '왜' 해야 하는지 고민하는 것에 90%를, '어떻게' 해야 하는지 계획하는 것에 10%의 시간을 쓰란 말. 내 사업체를 왜 꾸려야 하는지 충분히 고민했다. 그리고 이제 하나씩 움직이는 중이다.

나는 나를 잘 안다. 벌써부터 크고 작은 시행착오가 그려진다. 시행착오는 일이 잘되는 데 필수불가결한 요소. 두려워 말고 움직이자. 하면서 더 발전하자. 나를 믿자. 행동하며 좋은 장소, 좋은 사람, 좋은 기운, 좋은 기회를 만들자.

## Blog 나름 할만하다 (장롱면허 탈출기, 몸이 기억하는 운전) 2022.7.27.

둘째 출산하고 4인 가구가 된 우리 가정은 2년 10개월 전 세단에서 SUV로 차를 바꿨다. 카시트 2개를 설치하고, 어린애 둘을 케어하기 위해 5인승에서 7인승으로 갈아탄 것. 한 가지 문제는 차체가 커서 내가 운전하기 참 부담스럽다는 것. 스마트키도 처음, SUV 차량도 처음인 나는 부담의 벽을 허물지 못하고 운전대를 놨다. 그렇게 뚜벅이를 자처했고 쌍둥이 유모차에 애 둘을 싣거나, 급하거나 먼 거리는 택시를 탔다.

그렇게 2년 10개월이 지났다.

그리고 어제, 2년 10개월 만에 운전대를 다시 잡았다. 집에서 33km 떨어진 거리의 연수원에 가야 했다. 내가 그토록 바라던 n잡러의 3번째 잡에 도전! 반드시 해내야 했다. 원하는 대로 살 수 있다는 강한 신념으로 엄마에게 급히 SOS를 날렸다.

엄마 차를 빌렸다. 1일 자동차보험과 운전자보험을 급히 가입하고, 신랑이 아이 둘 등원을 도왔다. 거리 33km, 예상 소요 시간 30~40분의 장소. 교육 시작보다 1시간 30분 일찍 도착했다. 길을 잘못 들 수도, 도로가 꽉 막힐 수도 있다. 아무 변수나 다 접수. 나는 초보니까 무조건 일찍 출발했다.

생각보다 할만했다. 3년 가까이 운전을 쉬었지만 몸은 운전하는 법을 기억하고 있었다. 제법 자연스러웠다. 스스로 놀라울 만큼! (ㅋㅋㅋㅋㅋㅋㅋ)

목적지는 내가 사는 곳보다 더 시골이었고, 교육장에 접어들수록 길은 더 넓고 교통량은 더 줄었다. 시골에서 더 시골로 가는 여정은 한적하고 여유로웠다. 그래서 초보도 어렵지 않았다. 여러모로 운이 좋았다.

뭐든 시작 전에 두려움, 걱정이 따른다. 하지만 막상 시작하면 걱정도 두려움도 생각보다 크지 않다는 걸 어제 느꼈다. "생각보다 할만하다. 나름 할만하다. 하길 잘했다. 참 좋았다" 느끼고 깨달은 날. 그렇게 3번째 일을 성공적으로 마쳤다. 그리고 앞으로도 계속 도전할 것이다.

만 5년을 육아 만렙을 목표로 살았다. 자의 반 타의 반으로 경단녀가 된 39살 애둘맘의 재취업 성공기를 꼭 쓰고야 말 것이다. ^^

나는 원하는 대로 살 수 있다.
나는 운이 좋다.
나는 행복한 부자가 된다.
꼬옥.

오늘을 기록.

#경단녀 #애둘맘 #재취업 #n잡러 #초보운전

## 꿀팁 4  사람으로 잇다
### - 기회는 관계에서 온다

움직일 명분으로 '개인사업자'를 등록했다. 명함도 만들었다. 문제는 움직일 계기가 없다. 적극적으로 영업을 펼칠 곳도 없다. 마땅한 사업 아이템도 부재하고, 어필할 콘텐츠도 명확하지 않다. 사업자등록증을 내고, 명함도 만들었지만 '책 읽고, 공부하는' 똑같은 시간을 보낸다. 할 수 있는 일을 고민했지만 혼자 할 수 있는 일은 없다는 것을 알았다.

과거 내가 어떻게 움직였는지 생각했다. 폭넓게 움직인 건 '사람' 덕분이었다. '사람' 모이는 교육장에 가서 내가 가진 에너지를 발산하고 소통했다. 그리고 워크숍을 진행한 강사에게 강의를 의뢰받았고, 그 뒤로도 워크숍 테이블 퍼실리테이터로 활동할 수 있었다. 강의를 준비하며, 이전 팀장님으로부터 좋은 강사님을 소개받았다. 소개받은 일명 '싸부님'이라 부르는 그분은 내게 강의를 준비하는 과정은 물론 내가 궁금해하는 것 모두를 알려주셨다.

기업교육 전문회사를 10년 다니며 많은 강사를 만났다. 그때는 정작 '강의'가 내 길이 될 거라고 생각하지 못했다. 고객사를 방문하고, 원하는 교육 프로그램을 만들고 제안하고, 교육장에서 교육생과 소통하는 일을 했다. 하루하루 바쁘게 몸을 움직였다. 비전이고 목표고 계획하지 않고 하루하루를 살았다. 자유로운 것을 좋아한다. 질서정연하며 정해진 틀에 맞추는 것을 어려워한다. 스스로 계획 짜는 일은 더 젬병이다. 그런 내가 누군가의 소중한 시간을 가치 있게 바꾸기 위해 자료를 만들고, 강의한다는 것이 '엄두조차 낼 수 없는 일'이라는 것을 미처 몰랐다. 강의를 직접 해보기 전까지는 말이다.

어깨너머 배운 것을 내가 직접 소화하는 일은 꽤 달랐다. 내가 잘할 수 있을까? 자신감부터 쌓아야 했다. 소개받은 '좋은 분'은 내게 자신감을 심어 주었다. '좋은 분'이 강의를 준비하는 과정, 그렇게 해서 직접 강의한 강의안, 강의 에피소드 등을 들으며 수강생에게 영감을 주는 강의란 이런 것이라 느꼈다. 좋은 강의의 시작은 '관심'에서 시작됐다. 고객사, 수강생에 대해 '관심'을 갖고 그들이 듣고 싶은 이야기, 원하는 것을 생각하면 강의 주제와 관련된 콘텐츠들을 짤 수 있었다. 그리고 고민의 결과를 강의로 전달한 날, 다행히도 '우수한 만족도'라는 성적표를 받았다. 그리고 몇 개월 뒤 '좋은 분'은 내게 또 다른 강의 기회를 줬다. 정말 많이 준비했고 노력했고 다행히 이번에도 결과가 좋았다. 작은 성공 경험들은 또 다른 기회로 날 찾아왔다. 그간 알고 지낸 사람들로부터 강의를 또 의뢰받게 된 것. 사람이 만들어 준 기회를 달게 받고, 좋은 강의로 보답하고, 또다시 나는 기회를 얻는 선순환을 경험하고 있다. 스스로의 의지가 강렬해도 '사람' 없이는 불가능했을 일들이다.

혼자만의 노력으로 이룰 수 있는 것은 한정적이다. 돈을 벌기 위해서는 사람과 사람이 만나야 한다. 비대면 시대도 마찬가지다. 결국은 상대방과의 상호작용을 통해 새로운 것은 만들어진다. 스스로 고안해 낸 획기적인 상품이 있다손 치더라도 이를 어딘가에 팔아야 보상으로 돌아온다. 결국은 '사람'이다. '사람'으로 연결되는 세상에서 나 또한 도움을 주고받는 관계가 되기 위해서는 나의 가치를 높이고 인정받기 위한 노력이 필요하다. 노력은 스스로 행복해지는 방법이기도, 내게 더 많은 사람과 연결되는 기회를 주는 열쇠이기도 하다. 그렇기에 시간을 놀릴 수 없다. 건설적이고 생산적인 곳과 것을 위하여 오늘도 아이 둘 등원시키고 책을 읽고, 쓰고, 강의 준비를 한다. 어제와 다른 나를 만들기 위해 시간을 촘촘히 밀도 있게 쓰는 스킬을 쌓고 움직이자.

### 꿀팁 5  일단 움직여라
- 망설임은 기회를 놓친다

흔히들 목표 없이 정진하기 어렵다고 한다. 성공하기 위해서는 구체적인 목표가 당연히 있어야 하고, 목표 관리가 중요하다고 이야기한다. 맞는 말이다. 하지만 나는 계획에 취약하다. 경험하고 느끼며 계획을 만들어 나가는 편이다.

나는 목표를 정하고 움직이지 않았다. 대신, 움직이다 보니 목표가 생겼다. 나처럼 계획을 세우는 게 어려운 사람이 있다면 먼저 움직여 보라고 말하고 싶다. 나에 대한 자신이 없고, 굳건한 가치가 부재하고, 막연한 목표로 시간을 허송세월 흘려보내기보다 우선 움직이자. 움직이는 곳에 기회가 있고, 기회를 활용하면 인생을 다르게 살 수 있다는 것을 경험하고 있다. 사람이 있는 곳, 특히 '배움'을 목적으로 하는 곳에 좋은 기운이 있다고 믿는다. '배움' 그리고 '사람'이 힘이다. 배우고자 하는 의지와 사람이 준 기회, 이 두 가지가 있었기에 '강사'라는 직업을 갖고 전과 다른 시간, 다른 나를 만들어 나가는 중이다.

움직이지 않으면 변화는 없다. 세상은 계속 변하는데 나만 가만히 있는다면? 스스로 도태되는 속도가 상대적으로 더 빨라질 뿐이다. 원하는 것이 있다면 머리가 됐든, 몸이 됐든 무조건 움직이라고 감히 말할 수 있다. 걱정만 하고 움직이지 않는다면 박물관의 고품처럼 나는 그대로요. 걱정과 주름(노화)만 더 짙어질 것이다. 모두에게 동일한 자원인 '시간'을 어떻게 채우느냐에 따라 나의 모습이 결정된다. 내가 할 수 있는 일의 모양과 결과물도 달라진다. 모든 건 나의 생각, 행동에 달려 있다. 움직여야 산다. 움직이면 달라진다. 변화의 모습이 나를 결정한다.

이걸 할까 저걸 할까, 지금 할까 이따가 할까 재고 따지며 시간을 보내지 말자. 할까 말까 고민이 들 땐 우선 움직이자. 우물쭈물 시간을 태우기보다는 목적을 이루기 위해 당장 움직이는 것이 더 효율적이다. 블로그, 운동 등 꾸준히 하자고 결심했던 것들을 시작하기 전, 머릿속은 늘 바빴다. 목표를 이루기 위한 당위성 앞에서, 귀차니즘 또는 갖가지 핑계들이 등장한다. 그럼에도 불구하고 '그냥 하자'는 실행의 주문을 외고, 움직인 날들의 기록을 공유한다.

| Blog | 언젠가 쓴 일기 | 날짜 기록 없음. |

새벽 3시 40분. 눈 뜨니 새벽이다. 오늘 밤은 꼭 홈트 해야지 생각한다. 아이 둘을 재우는 시간 나도 같이 잠들기를 여러 번. '레드 썬!'처럼 주문을 외면 눈을 감았다가 정신이 돌아와 보니 이미 시간은 지나 있다. 그렇게 새벽 기상을 종종 한다. 경우에 따라 밤 11시 전에 깨어나기도 한다. 이런 날은 쪽잠 효과를 발휘해서 나의 일을 하기 최적의 상태. 그러나 새벽 2~3시경 깨면 그 시간에 무얼 하기가 쉽지 않다. 일을 하고 나면 수면 시간이 충분치 않아 오히려 다음 날 몸 상태가 피곤해지기 때문이다. 하지만 정말로 해야 하는 일이 있다면 "그냥 하자"밖에 없다고 생각한다. 아주 강력한 방법이다. "해야 하는데 해야 하는데…" 고민하고 다짐하며 보낸 시간이 참 많다. 하지만 그냥 하면 우선 이런 허비되는 시간을 막을 수 있고, 허비되는 시간을 노력의 시간으로 치환하는 효과를 경험할 수 있으며, 일을 다 하고 나서는 더없이 뿌듯하고 하길 잘했다는 자족감과 성취감을 겪는다. 이런 내적 동기부여는 돈으로는 절댓값을 치를 수 없을 정도로 개인이 만들어 내는 최고의 산물이다. 우리는 흔히 동기부여가 중요하다고 한다. 나를 움직이게 하는 힘, 일을 시작하는 계기 등 내적이든 외적이든 동기부여의 역할과 필요성은 말해 무엇하랴. 한데 그 동기부여가 자동으로 걸리면 좋지만 감나무 밑에서 감 떨어지길 바라면서 입만 벌리고 있는 경우는 시간이 너무 오래 걸린다. 굳이 애쓸 필요 없이 '그냥 하자' 동기부여의 의미를 찾고 강력한 발동 장치를 얻으면 좋지만 그러기에는 시간이 아깝고 계획과는 다르게 시작을 못 할 수도 있다. 반드시 해야 하는 일이 있다면 그냥 해버리는 것이 가장 최적의 방법이다.

**Blog**　　자다 깨서 쓰는 일기　　　　　　　　2022. 7. 10.

　글을 잘 쓰고 싶어서 시작한 블로그는 부수입이라는 현금파이프라인 목표가 생겼고, 그를 위해서라면 사람들이 찾는 글을 생산자 입장에서 만들어내야 하는데 노력이 부족하다.

　여기만 또 매진하지 않는 이유는 블로그는 기록하는 자체만으로도 의미가 있기 때문. 어릴 적 꾸준히 일기 쓰고, 개근하는 것을 근면의 표본으로 잡은 데는 다 이유가 있다고 생각한다.

　글을 쓴다는 것. 꾸준히 기록하는 행위는 마음을 편안하게 하고, 오늘도 잘 해나가고 있고, 이런 오늘이 내일을 만든다는 위안, 만족감을 준다. 글을 쓰는 데 실제 이런 효과가 있다고 한다.

　한때는 전국 팔도 연수원, 강의장을 돌며 심신을 혹사하는 스케줄을 소화하던 내가, 결혼 그리고 출산, 육아로 6년을 전업주부로 살고 있다. 행동반경도 만나는 사람도 극히 제한적, 편협, 단순하다.

　아이 정서를 위해 만 36개월까지는 집에서 돌보겠다는 다소 전통적인 육아관으로 시작된 길고 긴 가정 보육이 올해 3월 끝났다. 결과적으로 첫아이 6살, 둘째 아이 4살 되는 올해부터 아이들은 유치원(어린이집)에 가고 나도 내 시간을 갖게 됐다.

　하고자 하는 의지는 있으나 딱히 시간이 나지 않던 가정 보육 기간은 주로 책을 봤다. 아이 둘 북새통에 정신없는 날의 연속이었지만, 둘째 낮잠 시간, 애 둘 밤잠 시간을 쪼개 낮이고 밤이고 '재테크'에 집중했다. 육아, 가사, 독서(자기 계발)… 정말 열심히 했다.

'책은 가장 이기적인 공부법'이라는 말에 천%, 만% 공감한다. 내가 원하는 시간에, 원하는 지식을 누군가의 동의나 양해 없이 나의 의지만으로 얻을 수 있기 때문이다.

아이들은 기관에, 엄마는 집에. 이원화가 되니 드디어 물리적인 시간도 생겼다. 몇 년 만에 다시 잡은 소중한 나의 시간을, 가치 있게 쓰고 싶어 안달이 난 요즘.

여기저기 서류를 넣고, 활용할 만한 교육도 듣고, 서울, 대전 미팅 다니고. 지인과 협업하며 돈 벌 궁리를 하고, 내가 성장할 발판을 마련한다. 동시에 아이 둘 육아도 빼놓을 수 없으니, 등하원 외에도 주중 센터를 3번 가는데, 픽업에도 상당수의 시간과 노력이 필요하며, 이런 스케줄로 일주일이 순삭이다.
특히 이번 주는 두 시간 거리인 서울을 2번, 센터 2번을 왔다 갔다 하고, 지원서 넣은 2곳의 결과 발표가 있었고, 주말(토, 일)은 오전 10시부터 오후 5시까지 외부 교육이 있다. 집 또는 카페 위주로 움직이던 나에게는 꽤 오랜만의 살인적인(?) 스케줄이다.

하루 종일 일하고 밤새도록(?) 놀던 소싯적 체력이 나에게 있었던가? 깊은 의구심이 들 정도로 체력이 많이 노화(?)된 40을 목전에 둔 애 둘 엄마. 에너지를 발산했으니 충전도 해야지. 요 며칠 연속 아이 둘과 곯아떨어진 이유다. 하지만 아침까지 푹 자지 못하고, 이러저러한 행동과 생각에 중간에 깨서 자잘한 정리를 한다. 며칠 밀린 블로그도 써내야 마음이 개운하다.

1일 1포 정말 어렵다. 특히 평소 행동이나 모습에 변화가 있다면 더욱 어렵다. 시간이 많든 적든, 바쁘거나 여유 있거나, 꾸준히 메시지를 남기고 싶다. 독서, 글쓰기, 신문과 텔레그램 구독 등 나의 루틴을 어떤 상황에서도 흔들리지 않고 고수하는 경지에 이르고 싶다. 그릇, 역량을 키우고 싶다. 더 많은 것을 담는 내가 되고 싶다.

나는 원하는 대로 살 수 있다.
나는 운이 좋다.
나는 행복한 부자가 된다.

마법 같은 주문을 걸며
오늘을 기록.

#자기암시 #자기다짐 #일기 #자기계발

---

**Blog　　달밤에 체조**　　2022. 8. 1. AM 1:28

방문은커녕 창문도 꾹 닫고 밤 12시 홈트 시작. 장마철 꿉꿉한 습도, 통풍 없는 옷 방바닥에 땀이 뚝뚝 떨어진다.

'여름휴가', '지인과의 만남', '반가움', '힐링'이라는 포장으로 막걸리 두 병과 소주 한 병을 이틀 동안 몸에 담았다. 건강과 다음 날 컨디션을 생각해서 술은 섞지 말자는 스스로의 철칙을 지켜낸 결과 위장 상태 이상 無. 다만 큰 활동량 없이 먹고 또 먹고 놀아재낀 탓에 빵빵하게 가스 차고 볼록과 불룩 사이의 느낌으로 계속 나와 있는 배가 몹시 불편하다.

1박 2일 타지 일정을 소화하고 집으로 돌아와 애 둘을 씻기고, 놀리고, 집을 치우고 정리하니 밤 9시. 엄마의 소원은 이른 육퇴라지만, 적당한 육퇴라도 하자 싶다. 잠자리 독서로 두 권 읽으니 내 눈이 먼저 감긴다. 그렇게 너도나도 모르게 아침을 맞겠거니 했는데 눈뜨니 밤 11시 30분. 몸도 피곤하고 눈도 다시 감고 싶다. 눈을 감고 생각한다. 내일 또 서울에 간다. 2박 3일 짐도 싸고, 이틀 뒤 도서관 반납할 책도 챙기고, 내일 아침밥과 아들 도시락 준비, 세탁을 마치고 건조를 기다리는 빨래들, 이틀 동안 쌓아 올린 칼로리들, 미처 읽지 못한 책, 밀린 포스팅과 신문 그리고 텔레그램. 뭐야, 이거 걱정이 한가득. 당장 일어날 수밖에 없잖아……

　그렇게 밤 12시 옷방 문을 열고 들어가 '땅끄부부'를 틀고 20분간 홈트를 할 수밖에 없었다고 한다. 너무 늦었는데, 피곤한데, 졸린데 등등의 저항이 한가득 밀려왔지만 "그냥" 했다. 힘들거나 지치거나 하기 싫을 때는 "그냥" 하는 게 최고란다. 시작은 "그냥"이었는데 하고 나면 진짜진짜 개운하고 좋다. 이틀 치 오버한 칼로리를 다 폭발시키진 못했지만, 20여 분간 독방에서 몸부림치니 땀도 나고 현기증도 난다. 중간에 눈 질끈 감고 진짜 쓰러질 뻔함. (신랑이 너 이러다 골로 간다고 함……)

　탄산수 한 모금 들이켜고 "그냥" 샤워행. 목욕타월, 속옷 등 챙기지 않고 "그냥" 씻는다. 이거저거 챙기고 생각하는 건 완료 시간을 늦출 뿐. 하기로 했으면, 해야 하는 거면 "그냥" 하는 거다. 우선 움직이면 전보단 나은 결과가 따라오는 듯하다. 이 맛에 밤 12시 달밤에 체조한다. 달밤의 체조를 거행한 가장 늦은(이른인가??) 시각은 새벽 2시 30분이다. 나의 객기(?)가 스스로도 놀라워 "이건 남겨야 해" 싶은 강한 필에 꽂혀 포스팅할까 했는데 정말 너무 피곤한 나머지 잤다.

아직 휴가가 끝나지 않았다. 남은 일주일 일상과 다른 다채로운 일들이 있겠지만, 일상이 아닌 날 일상의 루틴을 유지했을 때의 성취감, 개운함을 지속해서 느끼고 싶다. 그게 좋다.

8월이 시작됨.
비 내리는 밤과 새벽 사이.

오늘을 기록.

#휴가 #여름휴가 #땅끄부부 #루틴 #운동 #칼로리폭파

## Blog 　　오늘의 잘한 일 - 그냥 하기　　　　　2023.1.10.

"해야 할 일은 하기 싫어도 '그냥 하기'가 최고다"라는 걸 알고 있지만 요즘은 쉽지 않다. "이렇게 쉬운 걸 왜 못해? 그냥 하면 되잖아. 루틴, 성공 별거 아냐!"라 말하던 내가 신기할 정도로 몸 움직이는 게 어렵다.

여름만큼 땀 흘리지 않고, 차 생기고 걷는 양도 줄고, 추운 날 야외활동도 줄고, 몸에서는 '단거(danger)×2'를 외쳐댄다. 결론=살쪘다.

3일 전에 홈트 했으니 오늘은 정말 해야 하는데 몸이 말을 안 듣는다. '그냥 하자 그냥 하자'를 속으로 외치고, 육퇴하고 바로 운동 시작. 유튜브-보관함-재생목록-기초 편을 돌렸다. 전 같으면 부위별 또는 하고 싶은 운동 위주로 세팅했는데 이마저도 시작을 늦출 뿐. 기본으로 돌아가기로 했다. 하라는 대로 따라 하고, 개운하게 씻고, 따뜻하게 차 한잔 마시니. 와… 세상 좋다. 내 몸이 호사를 누리는 기분이다. 오늘 하루 잘 보낸 나에게 주는 선물 같다.

그리고 개운하고 뿌듯한 이 마음을 조금 더 차분하게 정리하고 기록해야겠다고 생각했다. 그래서 끄적이는 포스팅.

뭐든 부담을 더는 게 최고다. 운동도 이거저거 욕심내서 잔뜩 하려는 마음에 늘 시작이 어렵다. 포스팅도 괜찮은 소재로 욕심껏 담아내다 보니 제치게 된다. 계획대로, 뜻하는 대로, 목적에 맞게 움직이면 좋지만 욕심부리다 아무것도 하지 못하는 나를 발견한다.

생각나면 바로 움직이자.

그렇게 남기는 흔적.
오늘을 기록.

#일상 #감사 #운동

### ▶▷ 그냥 하면 빠진다! 다이어트 성공기

"55kg까지는 절대 안 찌더라구요"라는 다소 경솔했던 발언. 결혼식 전날도 해산물 뷔페에서 저녁밥을 먹은 나. 깡마른 체형은 아니지만 살이 쪄서 걱정한 적이 없다. 거부감이 들 수 있지만 '다이어트'를 해본 적 없다. 결혼 전까지는.

늘어나는 살 걱정 없이 내 생애 최고로 행복하게 음식을 탐했던 때는 첫아이를 임신하고였다. 16조각인지 20조각인지 기억나지 않지만 아무튼 엄청 많이 들어있는 벨기에 초콜릿 한 판을 먹어 치웠다. 그것도 캄캄한 밤에 드라마를 보면서. '만삭이라 배가 나온 건지 살이 쪄서 배가 나온 건지 누가 알겠어. 나도 모르는데?'라는 마음이었다. 안 그래도 터질 것 같은 배를 가지고 정말 배가 터질듯한 상태까지 고기를 먹었다.

식욕은 먹을수록 늘었다. 임당 검사 3주 전부터 탄수화물을 줄이며 마음을 졸였던 기억. 무사통과하고 바로 빵을 먹었다. 아이 갖고 출산 직전까지 20kg이 늘었다. 당시 족저근막염, 골반통을 얻었다.

4년 전 나를 공포로 몰아넣은 출산한 여성에게 알려지는 불문율 "둘째 낳고 찐 살은 절대 안 빠진대". 첫째를 낳고 특별한 노력 없이 체중이 자연스레 돌아왔다. 물론 3~4kg은 절대 빠지지 않았다. 첫째 돌 파티 때 입을 옷을 고르다 알았다. 반팔도 팔이 두꺼우면 안 맞을 수 있다는 걸……. 그리고 얼마 지나지 않아 둘째를 가졌다. 체중은 다시 70kg을 넘어섰다. 또다시 족저근막염과 골반통을 얻었다.

둘째를 낳고 알았다. 첫째 낳고 자연 감량한 체중이 더 이상 줄지 않았다. '둘째 낳고 찐 살은 절대 안 빠진다'는 누군가의 말이 사실이 되어감을 확인하는 중이었다. 당시 36세, 창창한 앞으로를 60kg으로 살기 싫었다. 애 둘 육아도 바쁘지만 내 몸도 돌봐야 했다. 그렇게 지인이 추천한 '저탄고지' 식이조절과 '홈트'를 시작했다.

큰 힘, 큰돈 안들이고 살 뺀 가성비 최고의 다이어트 방법! 다만 "꾸준히" 해야 효과를 볼 수 있다. 15일 이상 해내면 줄어든 체중계 숫자와 눈 바디를 확인할 수 있을 것이다. 지금부터 방출!

▶▷ **내가 터득하고 애용하는 체중 감량 팁!**

① **밥 대신 두부**
나는 간을 조절하지 않았다. 대신 국물은 먹지 않는다. 좋아하는 국을 끓었다. 국물 있는 음식은 건더기 위주로 먹는다. (하지만 밥도둑 김치찌개에는 늘 무너진다.)

끼니때마다 먹던 밥을 거의 먹지 않는다. 먹는 경우 잡곡 또는 소량만 거든다. 대신 두부로 단백질을 보충한다. '계란 2 + 두부 + 고추장 또는 간장 + 참기름' 비빔두부(?)는 맛있고 체중도 확 준다. 저녁밥을 이렇게만 먹어도 다음 날 체중이 500g은 빠진다.

② **콜라 대신 탄산수**
가끔 탄산음료가 몹시 당길 때가 있다. 탄산수를 모르던 시절은 콜라, 환타, 사이다 등을 마셨다. 하지만 탄산수로도 갈증을 해결할 수

있다. 배부른 효과도 있어서 헛배고픔을 달래는 데도 좋다. 탄산음료 마시는 습관 하나만 바꿔도 내 몸에는 변화가 일어난다.

### ③ 땅끄부부 홈트

최근 장기간 활동을 중단해 별의별 소문이 무성한 땅끄부부. 전문 운동인들에게 '전문성 여부'를 두고 저격받은 땅끄부부. 하지만 나는 땅끄부부 홈트 효과를 톡톡히 봤다. 전문인이 보기에 부족함이 있을지 모르지만, 일반인인 나에게는 '따라 하기 쉬운 동작, 꾸준히 하면 따라오는 체중 감량 효과'로 아무 문제가 없다. 과거 시도했던 핫요가, 필라테스, 개인 PT보다 더 만족한다. 재미있고, 운동 효과 있고, 돈도 안 든다. 빗자루면 어떻고, 로봇청소기면 어떠한가. 중요한 건 '무엇으로 하느냐'가 아닌 얼마나 '자주 하냐'라고 생각한다. 다이슨을 모셔만 둔다고 방이 깨끗해질 리 없는 것처럼.

### ④ 땀나게 걷기

세컨드카를 물색 중이던 때, 차가 없는 것도 체중 감량에 도움 된다. 등하원, 카페, 센터 등 도보 30분 이내 거리를 사방팔방 걷는다. '30분 이내 거리 왕복 × 아이 둘 × 여러 곳'을 걸으면 땀도 나고 걷기 효과도 있다. 땀이 많이 배출되는 여름, 난 이 효과를 톡톡히 봤다고 생각한다.

성공한 사람들은 루틴이 있다. 비가 오나 눈이 오나, 바쁘거나 한가 하나, 몸이 아프거나 안 아프거나 반드시 소화하는 루틴, 루틴의 힘은 강력하다. 성공하기 위해 반드시 필요한 법칙이다. 그래서 해야 하는 건 "그냥 하자", 그래야 성공한다.

아이 둘 재우고 육퇴하면 몸이 힘들다. 천근만근 되는 몸을 일으켜 나를 위해 무언가 시작하는 것은 꽤 큰 의지가 필요하다. 결국 마음먹은 것을 얼마나 행동으로 옮기느냐 이것이 성공을 좌지우지한다. 육퇴하고 나를 이기고 홈트까지 하는 날은 글로 다 표현하기 어려운 만족감과 성취감을 얻는다. 나를 이긴 승리감은 꽤 황홀하다. 점심을 정말 두둑하게 먹어서 저녁 생각도 없는 몸 상태. 소화시킬 겸 운동을 한다. 무거운 몸, 밀린 책과 할 일, 육퇴하니 밤 10시가 다 되어간다. 그렇지만 "그냥" 했다. 해야 하는 거니까 "그냥" 했다. 그래야 할 수 있다. 생각이 많으면 몸을 움직일 수 없다. 그럴 때는 "그냥 하는 거다"라는 보물 같은 말을 기억한다. 그래서 "그냥" 하고 나니 무척 개운하다.

요즘은 바프 찍는 사람도 많고, 몸매 좋은 일반인도 많다. 성공한 다이어터 명함도 못 내미는 나지만. 내가 땅끄부부 홈트를 하며 늘 생각했다. 이 좋은 건 알려야 한다고.

결국 난 20년 만에 40kg대에 진입했다. (책을 교정하는 지금, 다시 50kg 초반을 유지 중) 자랑 글이 아니다. "꾸준히" 하면 생각보다 쉽게 노력한 바를 얻을 수 있다는 걸 알리고 싶다. 중력과 나잇살을 역행할 수 있다. 운동으로 자신감을 얻고, 긍정적인 생활을 할 수 있다. 돈

안 드는 취미 '독서와 운동'을 마흔을 목전에 두고 이제야 깨달은 게 아쉽다. 아쉬운 만큼 내일도, 모레도 꾸준히 하자. 행복한 건강을 키우자.

### Ep 4. 돈을 벌기 위한 기본기 2가지

40년을 살며 강력하게 믿는 절대 지론이 있다. 바로 '총량 불변의 법칙'이다. 이 법칙은 워낙 강력해서 어디든 존재하는 느낌적인 느낌을 받는다. 쉽게 말해서 하나를 얻으면 하나는 잃는 것이 인생이라고 생각한다. '인생사 새옹지마'라는 말이 괜히 생겨난 게 아니다. 그래서 나는 엄청 행복하다가도, 언젠가는 합이 맞춰질 '불안'이라는 공포를 미리 떠올리며 평정심을 찾는 편이다. 반대로 궂은일이 생길 때 희망도 가져본다. 곧 좋은 일이 생길 것이라는 믿음으로 구름이 걷히길 의연히 기다리게 된다.

어린 두 아이를 키우며 전국을 누비는 나의 일이 달지만은 않다. 매운맛 쓴맛도 종종 때로는 자주 맛본다. 하지만, 이 역시 고통과 행복의 총량 불변의 법칙이 존재함을 믿는다. 강력한 불변의 법칙은 '어렵다', '힘들다', '우울하다', '슬프다' 등의 부정적인 감정 회로를 밝고 지치지 않게 끌어 올려준다. 초보 워킹맘에서 강인한 워킹맘이 된 경험, 나만의 필살기를 적고자 한다. 미리 알면 도움이 되는 것들! 예방 주사 맞는다는 개념으로 '일하는 엄마가 반드시 관리해야 하는 2가지'를 이야기한다.

(전략1) **아이를 잘 돌본다는 것**

① *미안한 마음 다루기*

어느 날 문득 왈칵 눈물이 맺혔다. 아이 둘을 어린이집에 맡기고 엄마는 돈을 벌러 다닌다. 여느 날과 같이 애들 등원 준비에 바쁘게 시간을 쏟다, 문득 아이 얼굴을 보고 만감이 교차한다. 얼마 전까지만도 온 시간을 함께해 온 아이 둘. 눈뜨면 놀고 먹고 자고를 반복하던 날. 자웅동체인 양 내 품에서 한시도 떨어뜨리지 않던 게 불과 몇 달 전이다. 나의 살점과도 같은 아이 둘이 하루 5~6시간을 엄마와 떨어져 지내는 것이 참 대견했다. 동시에 미안한 마음도 컸다.

돈 번다는 이유로, 엄마라면 죽고 못 사는 아이들과 생이별하는 날을 반복하며 온전히 챙기지 못함에 아이들이 짠하고, 그런 아이들을 보니 눈물이 왈칵 났다. 정작 아이들은 괜찮은데, 엄마가 문제다. 대문자 F 엄마 마음에 서정적인 파도가 거칠게 휘몰아쳤다. 궁상도, 청승도 누구 못지않다. 전과 같이 돌보지 못함에 가족에게 미안하다. 내 이름은 '남미안', 아이 둘에게 한없이 미안한 엄마다.

때때로 전통적인 나는 육아도 마찬가지다. '아이의 건강한 정서 발달을 위하여 만 36개월까지는 엄마 품에서 아이를 키우라'는 육아 지론을 실천하고 싶었다. 하고 싶은 건 하는 성격이다. 결국 첫째 5살, 둘째 3살 때까지 가정 보육을 자처했다.

둘째를 낳고 COVID19가 세계를 강타했다. 당시 1호는 아파트 단지 내 가정어린이집을 다녔다. 21개월 차이가 나는 애 둘을 도저히 혼자 돌보는 것이 어렵다는 판단하에 내린 결정이다. 하지만 무시무시한 코로나 시국에 아이를 밖으로 돌릴 수 없었다. 1호를 어린이집에 보낸 지 10개월 만에 아이를 복귀시켰고, 결국 아이 둘을 집에서 돌보는 육아가 시작됐다. 불가능하다고 생각했던 애 둘 육아는 가능했고, 이에 상응하는 대가를 엄마는 달게 받았다.

그때는 몰랐고, 지금은 안다. '애둘24시간집콕육아'는 생각보다 훨씬 어려웠다. 그럼에도 불구하고 버틸 수 있던 것은 '당연하다고 생각하고 받아들인 마음가짐' 덕분이었다. 일도 하고, 장시간 운전하고, 작업하고 커피도 마시는 지금 생각하면, 혼자만의 시간을 절대 보장받지 못한 불과 몇 년 전을 견뎌낸 내가 믿기지 않는다. 훌륭하고 자랑스럽다.

행복했다. 온종일 서로를 바라보며 지낼 날이 앞으로 또 있을까? 원 없이 서로를 원하던 날을 또 맞이할 수 있을까? 이런 생각에 눈물이 핑 돌 정도로 아련하고 추억이 된 온전 육아의 시절. 하지만 봄날 같은 따스함과 동시에 육아는 때론 매웠다. 지저귀는 새들처럼 양쪽 귀에 대고 서로가 자기를 봐달라며 애걸복걸이다. 아이들의 성화에 청각이 예민하고 성격 급한 엄마는 마냥 행복할 수 없다. 한 아이 말을 듣는 사이, 경청이고 나발이고 자기주장을 시간차로 쏟아내는 다른 아이의 말. 대화 중에는 이야기가 다 끝나고 자기 말을 할 수 있는 규칙을 알려준다. 하지만 바로 지켜질 리 없다. 규칙은 규칙일 뿐 이행되는 날이 언제일지 기약이 없다. 희노애락을 오조 오억 번 겪으며 무뎌해질 법도 한데 아이들이 자라며 난코스는 레벨 업 한다.

그래도 참 감사하게도 나는 육아 우울증도 없었고, 기억에 남을 아주 큰 사건 사고도 없었다. 아이 둘의 상호작용이 지나치게 격해 그들 옆에 있으면 귀도 머리도 터질 것 같지만, 그래도 큰 탈 없이 밝게 자라주는 두 아이에게 정말 감사하다.

이런 과정 속에서 첫째는 말이 느렸다. 3돌 지나 '물'이라는 의미 있는 단어를 이야기했다. 첫 단어를 이야기하고 3개월이 지나 '잘 자'라는 동사를 뱉었다. 말이 느린 아이는 기저귀도 늦게 뗐다. 나를 닮아 예민한 첫째는 대변을 가리는 일이 쉽지 않았나 보다. 5살이 되고 6개월이 지나 완전히 기저귀와 이별했다. 그런 아이를 교육기관에 보낼 수 없었다. 상대적으로 언어도, 표현도 늦은 아이가 걱정됐다. 다시 선택해도 가정 보육이 답이라고 생각한다. 아이 둘을 낳고 기르며 나는 더 어른이 된다. 이렇게 나이를 먹어감을 실감한다. 그리고 건강하고 밝게 자라주는 우리 아이 둘에게 감사하다.

시간이 흘러, 결국 아이 둘을 어린이집에 보내기로 결정했다. 어린이집에 적응하기까지 보통 2주에서 한 달 정도 걸린다. 이 기간 동안 가정보다 낯선 어린이집에 제각각 적응한다. 우리 아이도 그랬다. 엄마가 생각하는 것보다 아이들은 강하다. 약한 것은 엄마 마음이다. 등원길마다 울며 떨어지는 아이를 보며 엄마 마음은 무너져 내린다. 엄마가 약한 모습을 보이면 아이도 덩달아 동요된다. 그래서 엄마는 강해야 한다고 다짐했다.

첫째 6살, 둘째 4살 되는 해에 아이 둘을 어린이집에 보냈다. 이는 내가 사회로 다시 나가 경제활동을 하는 데 참 잘한 일이었다. 아이 둘로 꽉꽉 채웠던 엄마의 시간은 아이 둘의 부재로 여유가 생겼다. 공간은 비우면 곧 다른 것으로 채워진다. 몇 년 만에 가져보는 여유를 무언가로 꽉꽉 채우고 싶은 욕망에 휩싸였다. 나만의 시간을 사수하기 위해 얼마나 많은 인고의 시간을 보냈는 줄 알기에 더 값지게 쓰고 싶었다. 시간이라는 재화를 가치 있는 것으로 만들고 싶었다. 이 궁리 저 궁리 끝에 결국 나는 책을 읽었다. 책을 보며 지식을 쌓고, 생각을 만들고, 실행하며 시간을 채웠다.

만약 아이를 조금 더 일찍 기관에 맡겼다면, '엄마' 아닌 내 이름 석 자로 살고 있는 시간이 더 빨리 왔을지도 모른다. 하지만 내 마음은 편치 않았을 것이다. 지금 돌아봐도 그 선택이 최선이었다고 생각한다.

이렇게 사회로 복귀하면서도, 아이들이 어린이집에 잘 적응할 수 있도록 엄마의 역할은 계속된다. 어린이집은 오전 8시부터 오후 7시 30

분까지 아이를 위탁할 수 있다. 여기에는 아이들의 협조도 필요하다. 혼자만 늦게까지 어린이집에 남아 있는 외로움을 즐기고 싶은 아이는 없을 터, 아이들이 소외감 느끼지 않고, 즐거운 마음으로 어린이집에 시간을 보낼 수 있도록 종종 협상을 한다.

"3일 동안, 어린이집 씩씩하게 다니면 ○마트 가서 마음에 드는 장난감 1개씩 고를 거야. 대신, 울면서 가면 선물은 없어." 엄마를 가장 좋아하는 아이들에게 야속하기 그지없는 협상안이다! 이렇게라도 아이들의 눈물 콧물과 더불어 징징거림을 잠재울 수 있다면 베스트다! 하지만 이런 아이 둘의 모습을 보며 마음 편할 엄마가 있겠느냐! 일에 집중하기 어려운 아주 좋은 핑계를 대본다.

아이들 몸이 아파도, 집에 혼자 있을 수 있는 날을 기다린다. 나의 바람대로 다행히 아이 둘은 하루하루 큰다. 이러저러한 걱정, 이러저러한 궁리 속에 아이들은 크고 있다. 혼자 등하원하고, 혼자 이동할 수 있는 나이에 가까워지고 있다는 사실이 꽤 희망적이고 고무적이다. 인생은 기다림. 그날을 목표로 오늘도 정진한다.

이런 기다림 속에서도, 나는 아이들과의 소통을 게을리하지 않는다. 세상에 공짜는 없다. 내가 뿌린 양분의 결과를 이제 받아들일 때다. 가정 보육 기간 동안 엄마 냄새를 충분히 맡도록 물고 빨고 사랑을 듬뿍 줬다. 엄마가 들인 노력은 아이 둘의 성장과 발달에 영향을 줬을 터.

아이들을 강하게 만드는 데 분명 도움이 됐을 거라 믿는다. 나의 손길이 헛될 리 없다. 아이들을 믿는다. 믿는 만큼 아이들은 더 씩씩하고 밝게 견뎌줬다.

엄마가 일하는 이유, 오늘 하루 있었던 일, 무슨 책을 읽었는지 등 아이들 눈높이에 맞춰 하루를 공유하며 조금씩 사회로 내보내는 연습을 한다.

긴 터널도 종점이 있다. 고개만 들면 밝은 하늘은 다시 볼 수 있다. 육아를 긴 터널에 비유하는 엄마가 당당하지만은 않다. 하지만 '나'로 사는 이 시간이 참 좋다. (물론 두 아이의 '엄마'로만 살던 날도 행복하다!) 첫아이를 낳기 전과 후가 딴 세상으로 느껴질 만큼 내게 큰 의미를 '출산', 그리고 아이 둘을 끔찍이 아끼고 물고 빠는 시간을 겪었다. 소중한 추억으로 남은 소중하고 아름다운 오롯한 엄마의 시간이지만, 아이러니하게도 다시 돌아가기는 싫다. 육아는 첫사랑처럼 강렬하고 그립지만, 나를 온전히 희생하는 그 시간을 다시 겪고 싶지는 않다. 충분히 애쓰고 최선을 다했기에 후회도 미련도 없다고 합리화해 본다. 그 시절을 잘 살아낸 내 자신, 우리 가족이 대견하고 감사할 따름이다. 그리고 이제는 지금의 나와 앞으로의 나를 위해 시간을 쓰고 싶다.

이런 개인적인 고민과 선택은 사회적 맥락과도 맞닿아 있다. 대한민국 출산율은 OECD 국가 중에서 최저 수준이다. 언젠가부터 우리 사회에 N포세대가 나타났다. 취업, 연애, 결혼, 출산 등 포기하는 것이 많아졌다. 워킹맘은 결혼과 출산에 성공했고, 취업도 이룬 능력자다. 어렵고 힘들지만 포기하지 않는 인내, 도전, 노력이 대단한 워킹맘이 점점 늘어나길 바란다. 경제적인 여건과 일로 인한 만족감을 통해 인생의 행복을 즐기길 바란다. 쉽지 않은 도전이고 어려운 만큼 해내면 얻을 수 있는 것들이 많다. 어제보다 나은 오늘, 오늘보다 나은 내일을 위해 온 시간 최선을 다한다.

결국 모든 것은 엄마의 선택에서 시작된다. 지난 10년 가정을 선택한 나, 그리고 앞으로의 10년은 다시 나로 살기로 했다. 점점 자라나는 아이들은 엄마 손, 품에서 놀기에 버겁도록 커버린다. 몸도 마음도. 그리고 사회로 점점 나아간다. 엄마도 아이들과 같은 사회에 있어야 한다. 그래야 외롭지 않다. 각자의 역할을 충분히 해낼 때 우리는 행복하다는 걸 안다. 그리고 가족이 다시 만나 즐기는 그 찰나의 순간은 더없이 소중해질 것이다. 그런 가정을 만들기 위해 대화하며 감정을 나누고 하루하루 노력하는 시간이 필요하다. 늘 배움의 연속, 그런 날을 살아낸다.

지금의 선택이 먼 훗날 우리 가족을 웃게 한다는 강력한 믿음만이 아이들에게 미안해 약해진 마음을 다독일 수 있다. 사회적으로 한 뼘 성장하는 만큼, 아이들에 대한 미안한 마음도 부쩍 자란다. 행복과 고통은 지극히 정비례함을 여기서도 느낀다.

② *육아, 완벽하지 않아도 괜찮아*

아이 둘을 어린이집에 보내고 정말 열정적으로 움직였다. 몸이 아팠던 3번 정도를 제외하고, 대낮에 바닥에 머리를 대고 누운 적이 없다. 직장에 다니는 것도 아니고, 누군가 푸시(push)하는 것도 아니었다. 나의 일상은 시간이 있는데 시간이 없고, 바쁘지 않은데 바빴다. 나의 몸뚱어리 안에 살고 있는 '또 다른 나'는 조바심을 달고 살았다. 가만있으면 불안하고, 움직여야 살 것 같고 힘이 났다. 그래서 부지런히 움직였다.

하나를 얻으니 하나를 잃는 법칙은 유지됐다. 새로운 일을 하기 위해 시간을 쓰니 그간 해온 일에 소홀해지는 건 어쩌면 당연했다고 합리화를 해본다. '그간 해온 일'이란 주부로서 또 엄마로서 시간을 들인 육아와 가사다. 일하면서도 아이와 집을 돌봤지만, 손이 덜 닿는 곳은 티가 났다. 집안을 가꾸는 일은 고사하고, 필수적인 청소와 설거지, 빨래, 식사 준비 정도만 겨우 했다.

2022년 11월 22일 폭탄 맞은 놀이방 겸 옷방
(늘 이런 건 아닌데 좀 심하긴 했다 험험…….)

아이들의 교육에 대한 관심도 전보다 등한시된 게 현실. 첫째 아이 한글 떼기를 목적으로 의기양양하게 산 《기적의 한글 학습》 6권을 1년이 지나도록 끝내지 못했다. 한때는 책 육아를 외치며 중고나라에서 주야장천 중고책을 사들이고, 아이들이 잠들 때까지 책을 읽어주는 '몰입독서'를 지향했으나, 이제 내가 피곤해서 할 수가 없다. 손을 많이 못 써주는 아이들에게 미안한 만큼, 엄마 아닌 내 이름 석 자로 사는 보람도 크다. 하나를 얻으면 하나를 잃는 어쩔 수 없는 이치의 불문율을 받아들이는 중이다. 아이들에게 미안한 만큼 더 노력한다. 돈 많이 벌어서 원하는 것을 이뤄주겠노라고! 목표한 것에 힘을 싣고! 나의 변화와 발전을 위해서 엄마는 다시 힘을 낸다.

아이를 키우며 엄마를 괴롭히는 연례행사 중 하나가 '소풍'이 아닐까? 솜씨 좋은 엄마들이 기량을 뽐내는 작품 같은 도시락 속, 심미보다는 실용에 힘을 주는 고지식한 엄마다. 이쁘게 꾸미고 포장하는 데 능하지 못하다. 흔히 말하는 '똥손'이다. 인스타그램이나 시중에 예쁜 캐릭터 도시락이 많지만 내게는 엄두도 못 낼 일이다. 시도도 안 해봤다. 눈으로 이쁜 게 맛도 좋으면 좋겠지만, 이쁘게 담아내지 못하기에 애초부터 환상 가득한 캐릭터 도시락은 포기했다. 심지어 아이들 소풍날 새벽 출근이다. 모양새는 둘째치고, 아이들이 맛있게 먹을 음식을 집 밖으로 나가기 전 만드는 게 관건이다.

안 그래도 지방 출장으로 밤잠을 포기하고 일찍 일어나야 했다. 고슬고슬한 밥을 지어 김밥을 둘둘 말아낼 여유가 없었다. 엄마 정 듬뿍 담아 소풍 보내고 싶지 않은 엄마가 어디 있으랴. 하지만 오늘은 마음같지 못하다. 엄마도 살아야 한다. 일과 육아 두 마리 토끼를 잡기 위해 절충안을 찾았다. 그 내용을 블로그에 옮겼다. 만약 업무 스케줄이 없었다면 소풍 도시락에 조금 애를 썼을 것. 힘을 들이면 기대도 컸겠지 싶다. "엄마 도시락 어때? 맛있었어? 예뻐? 맘에 들어?" 등등의 질문을 던지며 아이들 반응을 면밀히 스캔하고 나의 감정의 증폭 작용을 온몸으로 느꼈을 터. 하지만 놀랍게도 애쓰지 않은 도시락의 만족도가 꽤 높았다. 에너지 투입 대비 결과가 좋았기에 대성공이다! 일하느라 시간 없어서 대강 쌀 수밖에 없던, 그래서 미안한 마음 가득했던 소풍 도시락이 친구들 사이에서 인기 만점일 줄이야! 최소 에너지로 최대 만족을 불러낸 결과에 행복했다. 역시 정답은 없다. 육아도 그렇다는 것을 확인한 날.

**Blog**　　　어린이집 봄소풍 도시락 감사일기　　　2023.5.18.

일주일 전 아이 둘이 다니는 어린이집에서 봄소풍을 갔다.

하필 날짜가 새벽 출근하는 날이다.
봄소풍, 그래 도시락이 필요하다.

"이른 출근, 더운 날씨, 도시락"이라는 고정값 아래,
나도 너도 만족하는 도시락을 준비해야 한다.

병설유치원 방학 기간에 돌봄 도시락을 싸봤다. 덕분에 첫째 도시락통은 이미 해결했다. 요즘 들어 옷 입기도 머리 묶기도 쉬운 게 하나 없는 5살 딸내미의 도시락통이 필요하다. 급한 마음에 다이소에 들르려다, 하필 소풍 전날 더 바빴다. 모셔두고 안 쓰는 락앤락이 생각났다. 도시락통 살 돈도 굳고, 집에 있는 물건도 해결하고 겸사겸사 좋다 싶었다. 그리고, 소풍 가는 날 새벽 도시락을 준비하며 후회했다. 구색이 안 맞아도 이렇게 안 맞을까. 보기도 좋고 먹기도 좋은 게 도시락이련만. 도시락 담을 그릇이 짝도 안 맞고 어긋나니 딸에게 미안했다.

　　"뭘 싸주면 좋을까? 뭐 먹고 싶어?"로 아이들 수요 조사를 마치고, 그에 맞게 준비했지만, "새우볶음밥"을 이야기하던 딸에게 준비할 시간이 부족하단 이유로 나중에 해준다고 했다. 통도 안 이쁘고, 쌀 한 톨 없는 도시락을 준비하며 미안했다.

　　나도 일을 잘 마쳤고, 아이들도 소풍을 잘 다녀왔다. 완벽했다. 그리고 딸에게 사과했다.

　　"엄마가 다음에는 시크릿쥬쥬, 헬로키티 도시락통 준비해 줄게. 이쁜 통이 아니라서 미안해."
　　"엄마, 그런데 투명한 통이 귀여워서 좋았어!"

　　와……. 이거 정말 갓벽하다. 딸의 취향… 존중한다 존중해. 과자나 주스 먹고 남은 플라스틱 통을 다 모아놓는 딸. 내 눈엔 쓰레기인데, 그녀 눈에는 미술 준비물이라며 다 모아놓는다. 고마웠다. 그래도 미안했다.

그리고 일주일 뒤,

집 앞 아이스크림 무인 점포에서 딸 친구네를 만났다. 도시락 싼다고 아기자기한 용품들을 샀던 집이다. 불현듯, 나의 도시락이 생각나서 안물안궁인 도시락 얘기를 했다. 그날 우리 딸 내가 잘 못 챙겨줘서 미안했다며~ 그런데 돌아온 대답이 뜻밖이다.

"지유 도시락이 제일 이뻤다고 애들이 그러던데요?"
"늬예에……???"

역시나 투명한 통이 너무 귀여웠다고…. 세상에나 마상에나 아이들은 이런 걸 좋아하나??? 투명한 통이 락앤락과 샌드위치 통이었는데, 설마 샌드위치 통은 아니겠지……??

그렇게 해서 공개하는 불성실한 엄마표 도시락, 그러나 만족도는 매우 높았던 도시락… ㅋㅋㅋ

인생은 그런 거 같다. 아무리 노력해도 상대가 좋아하지 않으면 소용없다. 상황에 맞춰 꾸역꾸역 준비한 도시락통이 자타가 인정한 가장 귀여운 도시락이 됐다. 행운이 따른 날. 감사하다.

오늘 또 새벽 출근으로, 새벽 4시 아이들 먹을 밥을 준비하며 일주일 전이 떠올랐다. 안 적으면 날아가지. 요즘 꽤 오래 자리를 비웠지.

생각난 김에 또 주저리주저리,
오늘을 기록.

#봄소풍 #어린이집 #엄마표도시락 #감사일기

### ③ 동반 육아의 현실과 갈등 극복

엄마에게 '쉼'은 필요하다. 제아무리 아이를 사랑하고 모성애가 넘쳐나도 단 몇 분이라도 혼자만의 시간을 사수해야 한다. 내향형인 경우 더욱 그렇다. 사람과의 관계에서 에너지를 얻는 외향형이라고 예외는 아니다. 누구나 쉼, 충전, 혼자만의 시간을 가져야 에너지를 발산할 수 있다. 정도의 차이만 있을 뿐. 엄마도 마찬가지다. 자신만의 에너지 충전법을 알고 실행해야 건강한 육아를 할 수 있다.

그럼에도 불구하고 피할 수 없다면 즐기자. 상황에 따라 독박 육아, 온전 육아를 도맡을 수도 있다. 아이와 온종일 시간을 보내야 한다면, 그로 인해 나만의 시간을 보장받지 못한다면, 오롯이 그 시간을 즐기는 마인드셋을 해보자. 그래야 나도 아이도 행복하다. 아이와의 시간이 행복하고 소중하다고 자기 체면을 걸고 즐겁게 육아를 해보는 것도 행복해지는 방법이 될 수 있다. (물론 체면을 걸자는 마음을 먹는 것도 참 어렵다.)

 몇 해 전까지 우리 집 육아는 온전히 나의 몫이었다. 남녀가 결혼하여 얻은 사랑의 결실 '아이', 그리고 맞닥뜨리는 '육아'라는 과정. 부부의 일이다. 이 때문에 육아도 부부 공동의 몫이지만, 집집마다 상황이 다르기에 육아에 대한 남녀 역할도 다르다. 내가 전업주부를 자처하게 된 건 임신과 출산이다. 주야간 교대 근무를 하는 남편의 스케줄을 살피며 육아와 가사를 전담하는 것이 나의 일이라고 생각했다. 남편은 바깥일, 나는 안살림을 책임졌다. 아이를 낳고, 기르는 것도 상당수 나의 몫이었다. 그렇게 만 5년을 살았다.

 일을 시작하며 우리 가정의 역할에도 변화가 필요했다. 워킹맘으로서 일, 육아, 가사를 동시에 챙기는 것은 정말 어렵다. 체력과 에너지가 버티질 못했다. 우선 물리적으로 시간이 부족하다. 그래서 택한 방법은 잠을 줄이는 것. 욕심껏 일을 하기 위해서 수면 시간을 줄였고, 2~3시간 자는 날이 반복됐다. 이런 날은 다음 날 컨디션이 엉망이다. 자는 시간을 쪼개 일하니 피곤이 이어지고, 낮 시간에 집중하기 어렵다. 심신이 피로한데 아이들에게 살가울 리 없다. 꼭 이 때문이 아니라도, 아침 일찍 강의가 있거나 귀가가 늦어지면 혼자서는 영 버티기 어려웠다.

 육아 돌봄이 필요했다. 주변을 보면 보통 이럴 때 양가 부모님 도움을 받지만 그럴 수 없는 현실에 속상하기도 했다. 양쪽 모두 어머님들만 계신 데다, 시어머님은 연로하시고, 친정엄마는 정년 퇴임 후에도 일을 하신다. 가장 든든한 비빌 언덕을 나도 만들고 싶다. 어른 셋이 애 하나를 보는 친구 집 광경이 내 딴에는 과해 보이기도, 아니 솔직한 말로는 부러웠다. 그것도 아주 많이…!!!

애 둘과 복닥거리는 나를 보며, 남들과 상대적으로 다른 환경을 원망도 했다. 하지만 안다. 내가 아닌 다른 것을 탓한다고 나아지는 것은 없다는 것을. 문제를 해결할 때 가장 먼저 생각할 것은, 스스로 통제 가능한 것과 그렇지 않은 것을 구분하는 일이라고 생각한다. 나의 노력으로 움직일 수 있는 것이 무엇인지를 생각해야 했다.

육아를 좀 더 효율적으로 하기 위한 첫 번째 방법은 '나를 관리'하는 일이다. 내가 갖은 자원인 '시간과 체력'을 잘 챙기고 에너지 효율성을 높이는 것이 우선이다. 이를 했음에도 불구하고 SOS 세 글자가 떠오른다면, 아이를 낳고 기르는 데 절반의 책임이 있는 배우자와의 협력이 두 번째 해야 할 일이다. 두 발 벗고 육아에 웃으며 적극적으로 헌신하는 남편은 천군만마를 얻은 것과 다름없다. 내가 생각하는 킬링 포인트는 '웃으며'이다. 똑같은 말도 표정, 몸짓, 목소리 톤에 따라 다르게 해석되기 때문이다. (메라비언의 법칙, Albert Mehrabian) 아쉽게도 내 남편은 '웃으며'가 어려운 케이스다. 이유는 여러 가지가 있겠으나, 나의 첫 책에 소위 '남의 편'이라고도 표현되는 내 남편의 뒷

담화(?)를 하고 싶진 않다. 사람은 각자 차이가 있고, 그로 인해 갈등이 시작된다는 것을 너무도 잘 알고, 무수히 강의하고 있기 때문이다. 부부간의 관계는 '끝내야지만 끝낼 수 없는 지금도 하고 있는' 평생 숙제다.

아쉽게도 나는 천군만마를 얻진 못했지만, 육아에 동참자(남편)가 있다는 것만으로도 감사한 일이다. 아군인지 적군인지 늘 헷갈리며 아이 둘의 등하원과 주말 연구 시간 확보를 위해 끊임없는 소통을 한다. 이 역시 소통인지 불통인지 정확한 구분이 어렵다. 으쌰으쌰 웃으며 파이팅을 외치는 날이 있는가 하면, 어떤 날은 내 편이 아닌 남의 편이 확실하다는 울분이 치솟기도 한다. 남편과 나, 둘 사이 냉전 기류가 보이면 일을 하면서도 마음이 불편하다. 대화로 풀고 싶은데, 문제를 해결하는 방식이 너무도 다르다. 말이나 글로 표현하고 싶은 자와 그러한 표현을 반기지 않는 자. 목표를 이루기 위해 정말 중요한 '대화'가 참 어렵다. '중이 제 머리 못 깎는다'는 말처럼 '커뮤니케이션'을 강의하는 내게 정작 실천이 어렵다. 가까운 사이일수록 객관적 대화가 어렵기 때문이다. 대화의 '객관성'을 찾으면 문제는 쉽게 풀리기도 한다. 이를 대신하는 것이 상담 기관 또는 전문가라는 것. 그래서 이를 잘 활용하면 좋다. 정말 중요한 것은 이러한 선택을 하기까지의 '인지'와 '용기'이다. 나는 아직 할 일이 많다.

아이를 기른다는 것, 부모가 된다는 것, 애 엄마가 일을 한다는 것 모두 어려운 일이다. 부부가 합심하지 않으면 이는 더욱 머리 아픈 일로 번질 수 있다. 일을 시작할 때나, 지금이나 적극적인 몸과 마음으로 동반 육아 할 누군가는 늘 필요하다. 기억하자. 엄마는 천하장사가 아니다.

| Blog | 결국 터졌다 | 2022. 8. 25. |
|---|---|---|

펑펑 울었다. 설거지하며 눈물을 쏟았다. 내 안에 맺혀있는 무언가가 있다. 말로 표현하기 어렵지만 특정 상황을 생각하면 울컥댄다. 그걸 풀고 싶다. 그래서 더 울었다.

1호는 엄마 코가 빨갛다며 신기해했고, 2호는 이거저거 가져와서 말을 걸었지만 내 귀엔 이어폰이 꽂혀있었다. 신나거나 슬프거나 역설적인 풍의 노래들이 내 감정을 더 갖고 놀았다. 유튜브 뮤직 알고리즘의 뛰어남을 느꼈다. 어쩜 이리 내 마음을 잘 알까. 리드해 주는 곡 모두 띵곡들. 마음을 다 토해내고 싶었다.

내 시간을 마음껏 쓰고 싶어 선택한 프리랜서. 하지만 시간을 내가 지휘할 수 없다. 지금은 그렇다. 나는 시작하는 중이니까. 내 입맛에 맞는 것을 고르기 어렵다. 고를지언정 기회는 더 작아진다. 그게 싫어서 기회가 왔을 때 잡는다. 선수락 후수습. 그렇게 내 시간도 모자라 다른 사람의 시간을 갖다 쓴다. 그리고 다 같이 불편해진다. 불편함이 싫다. 싫어도 해야 한다. 일이니까. 그렇지만 나 아닌 사람에겐 그 일이 불필요할 수 있다. 하지만 정작 불필요한 일은 아니다. 전체적으로 보면 꼭 필요한 일이다. 하지만 이런 상황에서 서운하고 속상하고 아쉽고 화가 나고 눈물이 난다.

일하라고 떠미는 사람은 없지만. 딱 한 사람 꼽는다면 나다. 내가 나를 떠민다. 일해야 하는 걸 안다. 행복한 가계를 위해서. 먹고 싶은 것 갖고 싶은 것을 주야장천 이야기하는 예쁜 둘. 오늘보단 내일이, 내일보단 글피가 더 돈이 많이 든다. 아이들은 쑥쑥 자라나니까. 물가도 금리도 다 오르니까. 통장 잔고와 주식 계좌 빼고 다 오르니까 나도 돈을 벌어야 한다. 일을 해야 하는 이유는 또 있다. 바로 "행복한 나"를 위해 일한다. 오롯이 "남미현"이라는 내 이름 3글자로 움직이고 인정받을 수 있는 것이 나의 일이다. 그래서 열심히 바쁘게 최선을 다해 움직인다. 다행히 소득이 있다. 대신 소득을 위한 희생도 필요하다. 문제는 나 혼자는 절대 어렵다는 것.

결혼 전, 혼자 직장 다니며 '야근이 힘들다', '회의가 많아 어렵다', '주말 근무에 지친다' 등등 오롯이 내 시간을 스케줄링함에도 불평불만이 많았다. 지금 생각하면 참 배가 불렀지. 내 한 몸 건사하며 징징대던 내 자신이 부끄럽다. 그만큼 쉬운 일이 어디 있었나 싶다. 지금은 내 시간을 씀에도 쉽지가 않다. 예쁜 둘의 엄마로서 육아전담반인 나의 시간은 내게 100% 귀속되어 있지 않다. 아닌 걸 되게끔 고치려니 힘들다. 힘든 걸 참고 하는데 참고 참고 참다 보니 터졌다, 오늘.

스스로 강해져야 한다. 의존도를 낮추고 내가 강해져야 한다. 나의 인생이다. 강해지는 만큼 나는 성장하고 더 좋은 일이 생길 것이라 믿는다. 과정에서 아이들은 자라고, 오늘보단 내일이, 내일보단 글피가 더 수월한 시간이 될 것이다. 나를 믿고 예쁜 둘을 믿자. 다 과정이다. 좋아지는 과정. 과정에서 행복을 느끼는 날을 만들고 싶다. 오늘도 내일도 글피도.

어른도 속상하면 울 수 있어. 오늘만 엄마 울게. 미안해.
종이접기도, 책 읽기도 내일 많이 많이 해줄게.

라고 예쁜 둘을 달래 재웠다.

사랑한다!

오늘을 기록.

#엄마일기 #다시시작 #워킹맘 #초보 #캔디


> 전략2  **나를 지키는 기술**

### ① *24시간이 모자란 엄마의 시간 관리*

    시간은 누구에게나 동일하게 주어진다. 부자나 가난한 사람이나 하루 24시간을 선물받는다. 시간의 주인은 '나'지만, 누구를 위해 쓰는지는 각자 다르다. 결혼 전에는 대부분의 시간을 나 위주로 살았지만, 결혼 후 아이가 생긴 뒤, '엄마'라는 이름으로 아이의 생존, 공부, 놀이 등으로 하루를 채운다.

[희생 犧牲]
다른 사람이나 어떤 목적을 위하여 자신의 목숨, 재산, 명예, 이익 따위를 바치거나 버림. 또는 그것을 빼앗김.

아이를 키우는 일은 희생이 필요하다. 부모로부터 받은 사랑과 챙김을 이제 내가 베풀어야 한다. 엄마로 살면서 '희생'이라는 단어를 제대로 배우는 기분이다. 누구에게나 동등하게 주어지는 하루 24시간은 더 이상 나만의 것이 아니다. 결혼 전, 나로 꽉 채운 24시간은 이제 아이가 대신한다. 그것이 엄마의 역할이다.

특히 영아기에는 엄마의 하루가 유독 짧고 부족하다. 아이의 손발을 대신하며, 몸과 마음을 갈아 넣어 아이를 위해 움직이는 시간. 내 이름 석 자로 살아온 지난날에는 미처 예상하지 못했던, 잠 한숨 편하게 못 자는 날들이 이어졌다. 시간의 주체가 바뀌어 아이 엄마로 수년을 보냈다. 하루, 일주일, 한 달, 1년, 그 이상을 '희생'이라는 단어를 온몸으로 배웠다.

하지만 힘든 순간에도 한 가지를 떠올려 본다. '상황은 점점 나아진다'는 것. 아주 어려운 일을 겪고 있다면, 일이 해결되기를 바라고 애쓰자. 그러면 행복해질 수 있다. 회피하거나, 연기하면 얻을 수 있는 것은 한정적이다. '잘될 거야!', '나는 할 수 있어!'라는 마법의 주문을 스스로에게 건다. 믿는 만큼 이룰 수 있다는 것을 새삼 깨닫는다. 강한 믿음은 사람을 움직이게 하고, 그에 상응하는 변화를 가져온다.

아이들이 자라면서 스스로 할 수 있는 일이 늘어난다. '품 안의 자식'이라는 말처럼, 아이들은 발달 단계에 따라 점점 엄마 품을 떠난다. 그리고 엄마는 하루 24시간이라는 자원을 다시 선물받는다. 그간 못 해

온 것을 하며, 이전보다 내 뜻대로, 원하는 대로 살 수 있다. 이제 '아이 때문에 내 일을 할 수 없다'는 핑계도 더 이상 어울리지 않는다. 움직이고 열심히 잘 해내면 된다. 하지만 이제 문제는 바로 '나'라는 것을 안다.

시간을 대하는 나의 자세는 흡사 '청개구리'스럽다. 쉴 새 없이 움직이며 바쁨을 추구하지만, 반대로 느긋함, 사색, 느림의 미학을 즐기기도 한다. 하고 싶은 것을 못 하거나 무언가 턱! 하고 가로막혀 있을 때에야 움직이고 싶어 안달이 난다. 아이들과 있을 때 신문이나 책을 보고 싶고, 아이들이 잠든 고요한 시간에는 오히려 흥미가 덜하다. 아이 둘의 에너지가 고조된 낮 시간에 신문도, 책도 마구마구 보고 싶고, 집중력도 하늘을 찌를 듯 높다.

나는 프리랜서다. 온종일 종속된 직장 없이, 일정 있는 날만 움직인다. '시간'을 내 일정에 맞추고자 프리랜서를 선택했다. 돈을 좇는 자 돈이 없고, 사랑을 갈구하는 자 사랑을 얻지 못한다. 무언가를 추구할 때 정작 그 대상을 쉽게 얻을 수 없거나 잃어버린 경험을 해봤다. 프리랜서 또한 프리랜서가 되고 나서야, 프리하지 않음을 알았다. 욕심 많은 나는 프리한 시간을 일로 꽉꽉 채웠고, 나의 시간은 더 이상 자유롭지 않았다.

'남는 시간을 활용해서 돈을 벌자'는 나의 논리는 육아와는 모순이었다. 비즈니스 세계는 철저히 계획대로 움직인다. 일하기 위해서는 미리 들어온 일정을 예정대로 소화하고, 잘 해내야 시장에서 인정받는다. 혹여 일하는 날 아이가 아플까 봐 늘 전전긍긍했다. 스케줄 없는 날은 아이 둘을 소아과로 데려가 비상약을 받아 왔다. 주말도 새벽에 일어나 소아과 대기표를 뽑았다. 아이가 아프면 아무것도 할 수 없다. 아이의 건강을 지키는 것이 최우선이었다.

일이 재밌고, 할수록 더 하고 싶다. 성취감도 보수도 둘 다 만족스러운 일을 안 할 이유가 없다. 원 없이 일만 하고 싶지만 나는 엄마이기도, 아내이기도 하다. 일과 육아, 가사를 병행하는 것이 참 어렵다는 것을 찐하게 느낀다. 역할 가중이 내게는 요즘 가장 큰 짐이다.

현재 일을 하는 데 가장 큰 걸림돌은 애석하게도 '아이 둘'이고, 이에 대한 서포터는 '남편'이 하고 있다. 남편도 직장에 매여 있어 스케줄을 무제한 조정할 수 없다. 다행히 서로 최대한 조율하며, 각자의 일에 지장 없도록 움직이고 있다. 강의 의뢰가 오면, 우선 내 스케줄이 겹치지 않는 선에서 수락한다. 어떤 달은 일주일 내내 스케줄이 빡빡할 때도 있다. 다행히 전주는 여유가 있어 아이 돌보고, 집안일하며 다음 일정을 준비한다. 내가 하는 일은 라이브(Live)다. 실수 없이, 준비한 것을 맘껏 발산하고, 교육과정 만족도를 높이는 것이 목표다. 하지만 무리한 일정에 잠을 충분히 자지 못하거나, 먼 거리 운전으로 피곤할 때 일의 질이 떨어진다. 탄탄한 콘텐츠, 능숙한 전달력, 집중할 수 있는 컨디션이 필수다. 3박자가 고루 춤을 춰 학습자에게 가치를 전달하는 것이 나의 일이다.

나는 엄마다. 시간이 많지 않다. 시간을 내 맘대로 쓰는 프리랜서가 되고 싶은 이유다. 하지만 이런 '자유'를 거저 누릴 수 없다는 것을 알았다. 원하는 자유를 얻기 위해서 감내야 할 장단점이 극명했다. 세상에 공짜는 없다. 원하는 것을 얻으려면 그 이상의 어려움도 소화해야 함을 자연스레 배우는 중이다.

"원하는 것을 끌어당기는 데 있어서 행복과 고통, 이 둘은 세트다."
- 거인들의 비밀 中

내 시간을 자유롭게 쓰는 건 꽤 매력적이다. 특히 아이를 키울 때는 더욱더 그렇다. 평일 낮, 상사 보고나 결재 없이 아픈 아이를 병원에 데리고 갈 수 있다는 것은 프리랜서의 특혜다. 물론 일정 있는 날은 반대 상황을 경험한다. 매일 같은 일이 반복됨에 무료함을 느끼기도 한다. 안정된 소득, 고용이 보장된 소속처가 없다는 불안감도 있지만, 반대로 소득의 한계가 없고(한계 없이 더! 벌 수 있다!!!), 자유롭게 일할 수 있다는 이점이 있다.

프리랜서의 일정은 정말 불규칙하다. 일이 한 달 내내 없을 때도, 워크데이 5일을 풀로 달릴 때도 있다. 갑자기 3일 뒤 교육이 잡히기도 한다. 종잡을 수 없는 일정으로 종횡무진 일할 때는 모르던 여유가, 스케줄 없는 기간 한없이 밀려올 때면 평화로움은 잠시, 이러다 영영 무직자가 될까 불안하다. 조급하고 초조한 감정을 다스리는 것 또한 프리랜서의 역량이다. 예언가도 아니고, 내일 일도 모르기에 앞으로의 일정도 알 수 없다. 평일 인적 드문 고속도로처럼 뻥 뚫린 근무 일정을 담담하게 받아들이는 스피릿이 필요하다.

짧게는 60분, 길게는 8시간의 강의를 준비하고, 드디어 라이브 강단에 오른다. 준비한 대로 기량을 뿜은 날은 정말 황홀하다. 성취감에 만끽한 채 운전대를 잡고 집에 돌아가는 그 시간은 천국 같다. 다만 정해진 일정, 목표가 없는 시간은 스스로 메워야 한다. 재촉하는 사람, 채찍 없이도 더 나은 나, 더 나은 내일을 만들고자 하는 자기 관리가 필요하다. 루틴, 자기 계발, 자기 점검 등을 재주껏 잘해야 한다는 강박에 휩싸이기도 한다.

어떤 날은 일이 몰려 시간이 부족하다. 시간을 어디 가서 살 수도 없다. 남아 있는 시간을 쪼개는 게 그나마 현명한 방법. 그러다 보니 잠자는 시간을 포기할 수밖에 없다. 다행인지 불행인지, 집중하면 시간이 순삭이다. '몰입(Flow, 미하이 칙센트미하이, 몰입의 즐거움)'이다. 사람은 몰입하는 과정에서 행복을 느낀다. 무언가에 꽂혀 온전히 그곳에 매진할 때, 이러한 몰입을 경험한 사람은 즐거움의 경지를 누린다. 강의 자료를 연구하며 몰입을 경험한다. 몰입을 여러 번 경험하며 결과물을 얻는 기쁨과 성취감, 존재의 즐거움, 나에게 펼쳐지는 변화를 느끼며 일에 대한 보람과 만족감을 얻는다. 단 하나의 문제, 육체 피로로 다음 날 활동하는 데 지장이 있다는 것⋯⋯. 아이 돌보는 것은 물론, 집안일도 만사 귀찮다. 장거리를 운전하는 날은 졸음운전이라는 무시무시한 대항마를 무찔러야 한다. 강의할 때 또한 집중력 부족으로 말을 횡설수설하기 일쑤다. 이 때문에 적당한 수면은 꼭 필요하다. 결론은 한 가지! 나에게 주어진 시간을 최대한 밀도 있게, 가성비 넘치게 운용하는 것이다.

시간을 가성비 있게 쓰는 꿀팁, 어떤 것이 있을까? 일단 우리 몸에 에너지원을 공급하기 위해 잘 먹어야 한다. 특히 아침밥은 꼭 먹는다. 두뇌 가동을 위한 양식이다. 오전 중 모닝커피를 마시는 것도 오후 시간 밀려오는 잠을 극복할 수 있는 꿀팁이다. 커피를 마시고 약 4시간 후부터 각성 효과를 느낄 수 있다. 단, 오후에 마시는 커피는 밤잠을 방해할 수 있으니 피하는 것이 좋다. 피곤이 밀려오는 오후엔 사탕이나 과일과 같은 달달한 디저트가 도움이 된다.

시간을 좀 더 짜임새 있게 쓰기 위해 우리는 통시간을 잘 활용해야 한다. 이때, 시간 벌레인 핸드폰을 가급적 멀리하면 좋다. 각종 알림으로 인해 하던 일의 흐름이 끊기고, 꼬리에 꼬리를 무는 검색으로 시간이 사라지기도 한다. 핸드폰으로부터 시간을 사수하기 위해 '방해 금지 모드' 사용을 추천한다. 강제 장치를 활용하면, 생각보다 꽤 긴 시간을 집중하는 스스로를 발견할 수 있다.

능률이 가장 높은 시간대에 가장 중요한 일, 또는 꼭 해야 하는데 진짜 하기 싫은 일을 처리하는 것도 속도감 있게 일하는 방법이다.

### ▶▷ 업무 효율 높이는 꿀팁
① 해야 할 일(To do list)을 작성한다.
② 일을 마쳐야 하는 기간(Deadline)을 정한다.
③ 업무 단위당 소요 시간을 예측하고, 시급성과 중요도에 따라 순서를 정한다.

### ▶▷ 아이젠하워의 시간 관리 매트릭스 활용
A. 급하면서 중요한 일 → 시급하게 처리한다.
B. 중요하지만 급하지 않은 일 → 정한 기한 내 반드시 수행한다.
C. 급하지만 중요하지 않은 일 → 당장 처리하되, 꼭 해야 하는지 재검토하거나 대체자를 구한다.
D. 급하지도 중요하지도 않은 일 → 과감히 줄이거나 생략한다.

예를 들어, 나에게 10분밖에 시간이 없다면, 일을 할지, 음식물 쓰레기를 버릴지 고민하게 된다. 하지만 음식물 쓰레기를 2~3일 방치하면 집안에 악취와 세균이 들끓을 수 있으니, 이 역시 중요한 일로 판단할 수 있다. 이때! 생산적인 가치를 따져 움직이는 것이 좋다. 남편이 시간이 된다는 가정하에, 급하지만 중요하지 않다고 보여지는 '음식물 쓰레기 버리기'를 남편에게 부탁할 수 있다. 또는 음식물 처리 기기를 들여 시간을 벌 수 있다.

가끔은 시간이 없을 때, 최고의 집중력을 발휘하여 최대의 효율을 보이는 나를 발견하기도 한다. 적당한 긴장은 짧은 시간에 스스로의 에너지를 최대한으로 끌어당기는 것도 같다. 즉흥적으로 움직이는 나(MBTI 중 'P'를 선호하는 사람들), 좋은 말로 유연성이 높은 나는 '바쁨'이라는 냉탕과 '여유'라는 온탕을 오가며 성과를 만들고 행복을 짓는다.

**Blog　24시간이 모자라 (ft. 엄마 시간 활용법)　2022.1.10.**

아이 둘을 욕조에 풀어두고 동시에 여러 가지를 한다.

1. 세탁기 두 대 돌리고
2. 거실 정리하고
3. 압력솥에 밥하고
4. 바지락국 끓이고
5. 에어프라이어에 치즈돈가스 만들고
6. 불 당번 하며 홈트 15분 완료!

내 한 몸을 정말 바쁘게 움직이며 '이건 내가 생각해도 밀도 넘치다 못해 터진다' 생각했고, 동시에 포스팅까지 했다. 욕조 속 아이들 성화에 못 이겨 홈트 두

세트를 마무리 못 한 게 아쉽다.

아이들 씻기며 나도 씻고(+욕실 청소도 하고), 먹이고 좀 놀리다, 책 읽어주고 9시 좀 넘어 잠자리에 든다. 잠들 때면 "오늘 하루도 꽤 성공적이었다"라는 뿌듯함을 느낀다. 역시 엄마는 멀티다!

#육아 #가사 #주부 #홈트 #땅끄부부 #추천합니다
#시간이금이다 #시간관리 #전업맘 #가정보육맘 #일상

## ② *감정 다루기, 자유의 역설*

꾸준함이 중요하다. 극복하느냐 마냐에 성공이 좌우된다. 강의로 바쁠 때는 앞으로도 계속 바쁠 줄 알았다. 월 6회 출근, 250만 원 보수의 제안을 받았지만, 한 시간 반 거리의 자가 운전 출퇴근이 필요했다. 애 엄마가 아닌, 1인 가구였다면 수락했을 조건이다. 고정 수입 250만 원에 변동 수입까지 더하면 제법 괜찮은 포트폴리오였지만, 아이 둘을 키우며 일정한 시간을 꾸준히 쓰는 것은 육아에 큰 리스크가 있었다. 혹시 아이가 아프거나, 무슨 일이 생길지 모르는 부담이었다.

보통 성공한 사람들은 규칙적이고 계획적이다. 성공의 전제 조건인 '계획성'이 내게는 취약하다. 계획을 세우면 실행하기보다 걱정과 두려움이 앞선다. '만약 아이들이 아프면 어떡하지', '월 6회라고 했는데 그 이상으로 시간을 투자해야 한다면?', '이 일을 하며 스트레스로 다른 일이 방해되면 어떡하지?' 등등의 걱정으로 약 1년간 정해진 날에 출근하는 일을 포기했다. 첫째가 초등학교에 들어가는 내년을 생각하니 시간이 더 없어질 터, 단번에 수락할 수 없었다. 그리고 몇 개월 뒤, 프리랜서로서의 소득이 0원인 4월을 맞이했다. 한 달에 6번만 일하면 250만 원이 생기는데, 복을 내 발로 걷어찼다는 생각에 후회가 밀려왔다. 버스는 이미 떠났다. 후회해서 될 리 없다. 남은 건 내가 할 수 있는 일에 집중하는 것뿐. 스케줄 없이 보낸 한 달은 휴식처럼 느껴졌다. '충전, 채움'이라는 낭만을 물씬 느꼈다. 육아, 가사, 일 3종 세트를 몸으로 받으며 바쁘게 움직였기에 보상과 같은 휴식이 달기만 했다. 쉬며 공부하며 느린 시간을 보냈다.

  하지만 마음의 평온함은 오래가지 않았다. 쉬어가기 2주를 넘어가자 즐거움은 저 멀리, 우울감이 찾아왔다. '난 이렇게 끝나나 보다', '프리랜서는 잠재적 실업자다', '내가 할 수 있는 건 없다' 등의 걱정과 한탄이 나를 채웠다. '이 시간은 앞으로를 준비하는 시간이야!'라고 생각하는 것이 몸도 마음도 편하면서도, 생산적인 방법임을 알지만, 불쑥불쑥 드는 불안감도 내 몫이었다. 자유롭지만, 동시에 불안도 느끼는 프리랜서의 고충을 절실히 체감했다.

  결국 '우울', '걱정', '두려움'은 살아있는 한 사라지지 않을 감정이다. 평생 관리해야 하는 감정임을 인정한다. 새벽에 운동하며 문득 '다행이다' 싶었다. 요즘 부쩍 느끼는 '공허함', '우울감'은 아이들이 독립하고 나에게 시간이 더 많아질 때 더 짙어질 것이다. 지금은 일과 육아로 꽉 찬 시간을 살아내며 정신없지만, 아이 둘이 성인이 되면 지금과는 다른 밀도로 시간을 보내게 될 것이다. 나를 찾는 사람이 없고, 혼자 온전히 시간을 소화해야 한다. 외향형인 나는 '혼자' 살아가며 지금과 같은 에너지를 유지하기 어려울 것이다. 그래서 깨달았다. 가족이나 사람들이 없을 때도 공허하지 않게 롱런할 수 있는 나만의 일을 만들어야 한다. 엄마가 일해야 하는 이유, 내가 움직여야 하는 이유를 찾았다. 준비는 지금부터! 세상에 공짜는 없다. 지금 느끼는 고통과 부정적인 마음은 나를 더 발전시키고 성장하는 힘이다.

더불어, 초심을 찾는 것도 중요하다. 처음 마음먹을 때의 굳은 의지와 목표를 되새기며 나의 방향에 일관성을 보태자. 시작할 때는 보통 열정이 가득하다. 무력감에 휩싸일 때, 내가 이 일을 시작할 당시를 떠올려 보자. 당시의 노력과 방법으로 목표를 향해 무던하게, 겸손하게, 꾸준하게 움직이는 노력을 계속해야 한다.

▶▷ **일희일비 No, 롤러코스터 즐기기 Yes!**

우리는 자본주의 시대에 산다. 자본주의 시장에서는 대가가 동일한 두 가지 상품이 맞교환된다. 나의 시간과 에너지를 '돈'이라는 자원으로 바꾸는 일에 관심을 기울인다. 시간과 노력을 들이면 돈이 생기는 원리를 받아들이고, 어떻게 하면 인풋(시간) 대비 아웃풋(돈)이 더 뛰어날 수 있을까 고민한다. 아웃풋을 늘리기 위해서 내가 제공하는 상품 가치가 뛰어나야 하는 것은 기본이다. 그리고 운도 따라야 한다. '운'에는 사람도 포함된다. '비즈니스'란 사람과 사람 사이의 거래를 통해 돈을 버는 행위다. '타인'은 나의 통제 영역에서 벗어난다. 내가 아무리 잘해도, 기회를 주는 것은 그들의 마음이다. 그래서 이는 '운'의 영역이라고 생각한다. 내가 통제할 수 있는 것은 '실력'을 쌓는 일이다. 그래서 공부한다. '아는 것이 힘'이라는 말을 굳게 새기며 더 많은 것을 알기 위해 시간과 애를 쓴다. '공부는 때가 있다'는 말을 공감하면서도 '뇌의 가소성'을 믿으며 책도 보고 지식 쌓는 일을 즐기려 노력한다.

한 달에 한 번 있는 강의, 신랑은 말한다. "2시간 강의하는 데 몇 시간을 쓰는 거야?" 신랑 말도 십분, 백분, 오조 오억 번 이해한다. 2시간 강의 준비에 나는 200시간을 쓴다. 아이들이 어린이집에 가 있는 시간, 주말 짬짬이. 특히 강의 시작 전에는 온 마음을 강의에 집중한다. 아이 둘 먹이고 입히고 놀리고 재우는 데 시간을 쓰지만, 마음은 딴 데가 있다. 이런 나를 알고, 신랑은 강의가 있는 주의 주말 중 하루는 나를 위해 시간을 쓰도록 배려한다. 아이들 아침밥 먹이고, 노트북과 공부할 거리를 챙겨 카페로 향한다. (요즘 욕먹는 카공족, 바로 나다.)

완벽하지 못한데 완벽함을 추구하고, 늘 최선을 다해 최고가 되고자 한다. 그래서 2시간 강의를 하는 데 200시간이 필요하다. A부터 Z까지 샅샅이 파헤치고, 고객과 학습자가 원하는 것, 그들이 듣고 싶은 건 무엇일지, 필요한 정보가 무엇일지 정리한다. 강의 슬라이드 정리를 다 하고 나면, 이제 정말 잘 전달하기 위한 나만의 딜리버리 스킬을 연구한다. 무엇을 전달하느냐보다 어떻게 전달하느냐를 고민한다. 교수 기법, 질문법, 사례 등등 일방적인 강의가 아니라 학습자가 참여하고 같이 호흡하는 시간을 만들고자 한다. 뭐든 시작은 어렵다. 초보는 많은 준비를 한다. 이런 날의 연속, 경험이 쌓여 하루 전 의뢰받은 강의도 바로 소화하는 그런 강사가 되기를 바란다. 시뮬레이션하며 강의 시간을 계산하고, 강의 중 블랙아웃이 되지 않도록 몇 번이고 반복, 또 반복. 숙달 경험을 쌓는다. 만발의 준비를 하고 강의 시작, 준비한 것을 맘껏 전달하고 난 후 만족감. 해냈다는 성취감, 끝났다는 안도감. 집으로 돌아오는 차 안에서의 그 시간이 너무 행복하다. 오늘도 경력을 쌓았고, 나의 커리어를 만들어나가는 그 느낌이 정말 황홀하다. 내가 좋아하는 일을 하며, 다른 사람에게 도움을 주었다는 사실, 가치를 만들고 나누는 일을 하는 것. '교육'은 참 매력 있다. 사람을 좋아하고, 사람과 사람 사이에서 가치를 전달하는 '강사'라는 직업도 정말 매력 있다.

한 달에 한 건의 강의를 소화하던 내게, 1주일 2번의 강의가 잡혔다. 그것도 강의 시작 일주일 전, 꽤 임박해서다. 놓칠 수 없다. 해내고 싶다. 그것도 잘 해내야만 한다. 현장 분위기, 학습자의 만족도는 강사에게는 생명이다. 좋은 결괏값을 위해 남은 에너지, 시간을 불태우는 것, 온전히 빠져 준비하는 그 시간을 견뎌내는 것이 참 힘든데 하게 된다. 마성의 힘을 가진 변태 같은 그 고통이 좋다. 준비한 내용을 다 토해내고 난 뒤의 성취감이 참 좋다. 행복하다. 한 달에 한 번 있는 강의 스케줄이 일주일에 2번으로 대폭! 늘었다. 믿기지 않는 현실이 즐겁고 행복함도 잠시, 이를 소화하고자 하루에 2시간만 자며 버텼다. 에너지 음료를 아침, 점심, 저녁 세 끼 꼬박 챙겨 먹으며 정신 차리기 위해 애썼다. 자는 시간을 줄이니 작업 시간을 확보할 수 있었다. 에너지 음료의 존재감, 위대함에 감사했다. (고용량의 카페인이 위에 꽤 자극적이라는 사실을 얼마 지나지 않아 알았다.) 그리고 새로운 주제의 강의를 일주일에 2번 해냈다. 충분한 성과를 낸 내 자신이 경이로웠다. 자화자찬할 만했다. 최선을 다했고, 맡은 바 충분히 잘 해냈다. 덕분에 새로운 콘텐츠가 생겼고, 새로운 레퍼런스를 만들었고, 할 수 있다는 자신감을 얻었다.

늘 바쁘기만 한 건 아니다. 월 300만 원을 벌었다고 쾌재를 부르던 2022년 11월, 나의 부수입은 그 뒤로 하강 곡선을 타더니 한 달 50만 원 벌이로 떨어졌다. 하지만 '강의'라는 업이 계속되었기에 적은 돈이지만 마음은 즐거웠다. 가능성을 발견했고, 앞으로 늘려나가면 된다고 생각했다. 생각대로만 된다면 아무런 걱정이 없겠지. 긍정의 기운과는 반대로, 2023년 4월은 야속했다. 철이 바뀌고, 새로운 분기가 시작되는 4월. 승진자 과정과 같은 교육이 한창인 4월, 내 강의 스케줄은 단 한 건도 없었다. 제안 중인 S 기업 강의가 무산되며 절망감, 패닉에 사로잡혔다. 깊고 깊은 땅굴을 파고 우울감에 제대로 지배당했다. 본격적인 워크숍 시즌임에도 강의 의뢰가 한 건도 없다. 프리랜서의 장점은 시간을 재량껏 쓸 수 있다는 것, 하지만 단점은 언제든 잠재적 실업자가 될 수 있다는 것이다. 내가 열심히 한다고 되는 일이 아니다. 기업에서 교육을 계획하고, 영업군이 수주를 해야 하고, 결과적으로 내가 소화 가능한 강의 의뢰가 있어야 나는 강의를 할 수 있다. 내가 할 수 있는 일은 강의 의뢰를 기다리는 것뿐이다. 물론 프로 강사들은 알아서 기업이 직접 연락을 한다. 하지만 나는 아직(이라고 말하고 싶다) 시작 단계다. 나를 알아서 믿고 바로 연락 주는 기업이 아직은 없다. 그래서 강의가 없는 4월은 내내 우울했다. 게다가 거대한 프로젝트 제안 결과, 고배를 마셨다. 따내지도 않은 큰 규모의 강의 일정을 그대로 날렸다는 욕심쟁이 심보에 휩싸였다. 결국 '나는 이렇게 강의를 그만두는구나'라는 심약한 생각을 하는데 갑자기 한 달에 5번의 강의가 잡히고 만다. 롤러코스터다! 프리랜서의 시간은 참으로 다이내믹하다! 그리고 열심히 2023년 5월 한 달을 살아냈다. 새로운 달 6월은 또 조용하다. 잘나가는 강사는 하반기 강의 일정이 바로 찼다고 한다. 하지만 나는 그렇지 않다. 혹자는 비교야말로 불행의 지름길이라고 한다. 잘나가는 강사와 나의 스케줄을 비교하고자 하는 마음은 없었다. 비교 아닌 비교가 되어버렸지만, 내가 갖고자 했던 마음은 자기반성이다. 자극이다. 내가 더 열심히 해서 저 경지에 이르러야지. 그러기 위해서 무엇이 필요할까? 영업 채널을 어떻게 하면 많이 접할 수 있을까? 학습자의 만족도를 높이고, 또 찾는 강사가 되기 위해서는 어떻게 하는 것이 좋을까? 등등의 앞으로의 날을 그려나갔다.

그냥 일하는 것도 어려운데, 일하기 편한 엄마가 있을까? 마음먹은 대로 할 수 있다. 나는 운이 좋다. 내가 원하는 대로 살 수 있고, 살고 있다. 자기 확언을 되뇐다, 오늘도.

### ▶▷ 욕먹는 카공족, 따가운 시선도 견디자

2023년 3월, '카공족'에 대한 미디어 노출이 많아졌다. 남에게 피해 주는 것을 불편해하는 나는 '양심 있는 카공족'이 되기 위해 노력한다. 노트북, 핸드폰은 가급적 풀충전해 전기를 쓰지 않고, 한적한 시간대와 공간을 활용한다. 커피와 간식류, 또는 커피 2잔, 선물 세트 등으로 객단가를 높인다. 도서관, 카페 2곳을 로테이션해 방문한다.

그럼에도 불구하고 노트북을 펼쳐 일을 해야 하기에 눈치가 보인다. 얼마 전에는 바로 옆 50대 아줌마 그룹에서 카공족 진짜 싫다고 크게 이야기하는 것도 들었다. 도서관에 가지, 카페에서 공부한다고. '스타벅스는 차를 파는 게 아니라 문화를 판다'는 슬로건은 옛말. 카공족은 여기저기서 욕을 먹고 있다.

사무실도 생각해 봤다. 일정의 보증금과 월 15만 원선 사무실, 공유 오피스도 월 30만 원. 한때 강의료 수입이 쏠쏠해서 고민했지만 고정 수입이 없는 지금 한 달에 30만 원씩 지불하는 일은 무리다. 그래서 어쩔 수 없이 카공족이다. 도서관은 전화 통화가 원활치 않다. 거래처, 에이전시, 협업하는 사람들과 통화할 일이 많아 정숙을 요하는 곳은 제외. 한때 스터디카페를 이용했지만 이 역시 같은 이유로 탈락. 의

외로 차 안도 집중이 잘돼서 차 안에서 책을 읽기도 한다.

긴 시간을 카페에서 머물면 스스로의 눈치 잣대가 발동해서 마음이 불편하다. 카페는 2~3시간 이내 머물기로 마음먹는다. 적당한 소음은 오히려 각성을 높여준다. 하지만 난도 높은 작업은 도서관이나 차 안처럼 조용한 곳에서 집중할 수 있다. 그래서 업무의 성격상 장소도 바꿔가며 움직인다.

사실 집만큼 편할 공간도 없다. 카페는 돈 쓰고 이동 시간도 들고 허세라고 생각했다. 하지만 환경이 중요하다는 것을 느낀다. 집에 있으면 이목을 분산시키는 것이 많다. 어질러진 집을 잠자코 두고 보는 것도 쉽지 않다. 거실 정리가 끝나면 빨랫감도 보이고, 건조기 안 세탁물 정리, 설거지, 아이들 간식 준비 등 건강을 생각해서 반찬 만들기까지 끝이 없다. 아이들 옷 정리도 참 많은 시간이 걸린다. 집안일의 딜레마는 하면 티 안 나고, 안 하면 티가 난다는 것. 그래서 시간을 집안일에 태우다 보면 아이들 등하원 시간까지 1~2시간밖에 남질 않는다.

주부로서 육아와 가사를 1순위로 두고 싶지만, 가족이 조금 양보하면 되는 일이라고 생각한다. 반짝반짝 빛나는 거실도 좋지만 먼지가 있어도 '괜찮아' 마인드로 이해해 주면 엄마는 일할 수 있다. 가족 간의 배려도 중요하다.

집안일하며 시간을 활용하는 좋은 방법은 유튜브 강의를 들으면서 하는 일이다. 평상시 음악은 기본으로 깔고 움직인다. 운전할 때, 집안일할 때, 걸을 때 등등. 하지만 기분 전환은 잠시 넣어두고, 건강, 뷰티, 대화, 강의, 육아, 경제 등 자기 계발 또는 콘텐츠 개발을 위해 필요한 평소 관심 분야 콘텐츠를 나중에 볼 영상에 넣어 두고 집안일할 때 들으면서 짬짬이 시간을 활용하면 좋다. 일도 하고 지식도 쌓고 생각 정리도 되고 2마리 토끼 잡기가 가능하다.

참 개운한 성취감을 느낀 날은 뭐를 해도 신난다. 《기분이 태도가 되지 않게》라는 책이 한때 유행했지만, 기분은 곧 태도가 되기 쉽다. 그렇다면 기분을 유지하는 것도 중요하다. 본인이 좋아하고 관심 있는 일을 고민하고, 만족감 느끼는 행위를 알고 이를 위해 노력하는 것. 그럼 좋은 기분 상태를 유지할 수 있다. 그리고 이러한 기분이 태도가 되어도 오히려 나쁘지 않다.

도서관, 스터디카페, 카페, 차 안, 집. 이 공간들이 나의 사무실이다. 멋진 말로 디지털 노마드족이다.

### ③ 7전 8기 오뚝이 마인드
 - *정답도, 공짜도 없다. 그러니 해보자!*

우리는 효율적으로 시간을 쓰고 더 나은 결과를 얻기 위해 '계획'이라는 것을 세우지만, 계획한다고 계획대로 되지 않는다는 것을 이미 많이 경험했다. 우리가 말하는 '실패'는 내가 시도했다는 증거다. 실패했을 때 포기하지 않고 도전을 계속하면 목표에 가까워질 수 있다. 자칫 보면 경로를 이탈한 것 같지만, 실은 큰 그림 안에서는 여정이었다는 것을 시간이 지나고 느낀다. 최단 거리가 아닌 조금 돌아서 왔을 뿐, 결국 의미 있는 목표를 이루어내는 스스로의 대견함을 느낀다.

요즘 젊은 세대의 코드, MBTI 성격유형 중 나는 '인식형(P)'이다. 전략적으로 계획하고 실행에 옮기기보다는 우선 움직인다. 순간순간 상황에 맞춰 행동하고 그에 대한 결괏값을 받아들인다. 이를 고려하여 또 움직인다. 그렇게 나의 길을 쌓아간다.

어차피 한번 사는 인생, 하고 싶은 일을 하며 사는 것이 후회도 덜할 터. 뜻하는 대로, 마음먹은 대로 분명 살 수 있다고 믿는다. 의지가 있다면 몸도 움직이게 되어 있다. '늘 같은 생각만 하고 움직이지 않으면서 기적이 일어나길 바라는 것은 미치광이다'라는 아인슈타인의 말처럼, 실행은 우리에게 '변화'라는 선물을 준다. 오늘과 다른 내일을 위해 움직여야 하는 이유다.

과거 《시크릿》이라는 책이 대유행을 했다. '우주는 내가 생각하는 것을 준다'는 것이 핵심 내용이다. 처음엔 말도 안 된다고 생각했다. 그런데 애 둘 키우는 엄마가 되고, 작은 성공 경험들을 마주하며, '생각이 참 중요하다'는 것을 느꼈다. '할 수 있다'는 긍정마인드는 나를 움직이게 하고, 그런 움직임은 내게 변화를 가져온다. 생각만 하고 실행하지 않거나, 매번 부정적인 생각만 한다면 기분 좋은 내일을 가질 수 없다. 내가 원하는 방향으로 계속 노력하면 결국 원하는 결론을 가질 수 있다. 장애물, 역경, 시련도 반드시 존재하지만, 그것을 넘어설 때 비로소 실력과 내공이 생기고 내가 더 단단해진다고 믿는다. 인생도 막장 드라마처럼, 역경과 시련이 시나리오에 툭툭 던져져 있다. 그걸 견디고 더 단단해지는 것이 성장의 과정이다.

정답도 없고, 공짜도 없다고 느낀 날들의 기록이다.

▶▷ **탈락자, 1년 뒤 면접관을 가르치다!**

아이 둘을 어린이집에 보낸 그해 겨울, 학교에서 아이들에게 악기, 음악을 가르치는 일로 면접을 봤다. 교육 대상은 달랐지만 왕년의 교육사업 이력을 어필할 수 있었다. 그러나 경단녀 기간이 만 5년, 자신감도 많이 떨어져 있었다. 그래도 돈을 벌고 싶다는 일념에 면접을 봤고, '합격'했다! 하지만 생각보다 보수가 적었다. 이동 시간과 경비 빼면 기대에 못 미치는 금액이었다.

'교육'이라는 가치를 좋아하고, 가치지향적으로 일을 할 수는 있었으나, 이제는 두 아이의 엄마이자 한 가정의 아내다. 경제적인 면도 무시할 수 없었다. 열정만 갖고 일하기에는 현실적인 것들이 걸렸다. 과거에는 열정만으로도 만족했지만, 시간이 지나니 '열정 페이'였다는 자괴감이 남았다.

돈 벌려고 직장을 고르고, 일자리를 구하지만 막상 "연봉은 얼마예요?"라는 말을 입 밖으로 내지 못했다. 돈 밝히는 사람이 되는 게 부끄럽고 민망했다. 대학 시절 아르바이트를 하면서도 급여를 묻지 못했다. 결혼 후 아이들을 키우며 재테크 책을 읽기 시작했다. '돈'은 부끄럽고 조심해야 할 대상이 아니었다. '돈'에 소극적이었던 나는, '돈벌이'도 소극적으로 내게 응답했다. 그래서 일을 선택하는 필수 요소에 '돈'을 넣었다. 몇 년 만의 재취업 도전이었고, 결과도 값진 '합격'이었으나 성에 안 차는 돈이 문제였다. 많은 고민 끝에 지원을 포기했다.

그 뒤로도 부수입을 늘리기 위해 노력했다. 재테크에 열을 올리고 책 보며 공부했지만, 얼마의 배당금 뒤로 주식시장은 불황기로 접어들었다. 그리고 마이너스 수익률이라는 차디차고 비싼 수업료를 치렀다. 그 뒤로 1년이 지났다.

그사이 나는 기업 강사가 됐다. 우연한 기회에 시작한 강의 만족도가 다행히 좋았다. 1시간 강의를 위해 한 달 내내 준비하니 만족도가 나쁘게 나오는 것이 더 이상할 노릇이었다. 작은 성공 경험들이 쌓이니 자신감이 생겼다. 수강생 입장에서 어떤 이야기가 가장 궁금하고 듣고 싶을까를 고민하며 콘텐츠를 만들었다. '강의'도 일종의 대화, 쌍방향 소통을 고민하며 강의를 기획하고 전달했다.

그리고 어느 날, 지자체에서 프로그램을 운영하는 강사님들 대상으로 강의해 달라는 연락을 받았다. 주어진 1시간 동안 최대 효율을 위해 공부하고 찾아보고 스터디에 매진했다. 강의 날, 대다수가 여성이고 엄마들이었다. 강의가 시작되고 수강생의 얼굴을 바라보며 준비한 내용을 전달했다. 그중 낯익은 얼굴이 있었다. 바로 중학교 동창이었다.

나:         혹시 OO여중 나오셨나요?
교육생 A:   네, 맞아요.
나:         성이 '박'씨이신가요?
교육생 A:   (수줍게) 네 맞아요.
나:         반갑다 친구야!!!

25년 만에 만난 동창 덕에 교육 분위기는 한층 풀려, 한결 편안하게 강의를 이어갔다. 교육이 무르익을 무렵, 또다시 낯익은 얼굴이 눈에 들어왔다.

나:         혹시, 저 아시죠?
교육생 B:   아니요.
나:         죄송합니다!!

그리고 불과 얼마 지나지 않아 나와 그녀는 동시에 알아챘다! 그녀는 1년 전 나의 면접관이었다! 1년 전 일자리를 고사하기 전 급여 인상을 제안했다가 거절당한 바로 그 대표님. 그때는 탈락자지만, 지금은 성공한 모습으로 같은 시간, 다른 포지션으로 인사 나눌 수 있음에 감사했다. 그녀도 나를 기억해 냈다. 〈지금은맞고그때는틀리다〉라는 영화 제목처럼, 정답은 없다. 상황에 따라, 처지에 따라, 타이밍에 따라 다른 오늘을 살고 있다. 중요한 건 흔들리지 않는 내가 되어야 한다는 것이다. 그게 어른이고 성장이라고 생각한다.

### ▶▷ 연이은 실패! 맞는 옷은 따로 있다는 신호?!

아이 키우는 엄마로서 가장 현실적이고 빠른 재취업은 '유아교육' 부문이라고 생각했다. 주변만 봐도, 보육교사 자격증 취득을 위해 공부하는 엄마들이 꽤 있다. 나 또한 '유아교육' 쪽을 알아봤다. 미취학 아동을 키우는 입장이라 어린이집 교사는 생각 못 했다. 시간제, 즉 프리랜서처럼 시간을 쓸 수 있는 일도 있었으나, 애 둘을 키우며 빠듯했다. 그래도 해보지 않으면 후에 아쉬움이 클 것 같아 도전했다. '○○다 선생님, ○깍○어' 등 잘나가는 유아보육 프로그램 기관에 문을 두드렸지만, 내가 쌓은 커리어의 대상이 '유아'가 아니라는 점, 즉 전문성이 없다는 이유로 탈락했다. 아쉬웠지만, 기관에 대한 공신력이 생겼다.

이 외에도 카페 아르바이트도 도전했다. 임신 중 바리스타 자격증을 땄고, 커피는 정말 맛있었다. 하지만 낮 시간대 일하고자 하는 사람은 꽤 많았고, 아이 둘이 없는 시간대에 일할 수 있는 곳을 찾지 못했다.

하고 싶은 것은 해야 직성이 풀리는 성격이다. 하고 싶은 재취업에 연이어 실패했다. 지원하는 곳마다 마땅한 이유로 미끄러지고, 고배를 마셨다. 애둘맘에게 허락하는 시공간의 일자리 찾기가 쉽지 않다. 현실에 부딪혔다. 그래도 포기할 수 없다. 계속 준비하고 부딪쳤다. 교육 듣고, 공부하고, 네트워크를 이용해 안부 전화도 했다.

노력의 시간이 보답이라도 하듯, 어느 날 뜬금없이 기대하지도 않은 일이 벌어졌다. 모처에서 강의를 해달라는 요청이었다. 우연히 찾아온 기회를 놓치고 싶지 않아 먹고 자는 시간 빼고 준비했다. 1시간 강의를 위해 한 달을 준비했다. 다행히 학습자, 담당자의 만족도는 좋았다.

> "흥미로운 내용이었다/피드백 활용이 좋다/새로운 내용을 배울 수도 있고, 알고 있던 내용을 되새길 수 있어서 좋았다/시간이 너무 짧아 아쉬웠다/암기가 아닌 이해로 바라보라는 말이 기억에 남아요/시간이 너무 빨리 끝나요/지식을 알 수 있어 좋았다/아이와의 공부에 적용해 보겠다/수업 회기를 늘려 주세요/많은 정보를 알 수 있어서 좋았다/더 하고 싶어요/구체적인 방법 제시가 현실적이다/좋은 내용이 많다/강의 내용이 실질적이고 좋았음."
> - 강의 만족도 내용 中

그리고 나는 강사로 일한다. 이런 결과를 받기까지 앞서 나열한 실패들이 수두룩 빽빽하다. 포기하지 않고 움직인 결과 지금 나는 행복하다. 일이 잘 풀리지 않을 때, 내가 재기한 지금을 떠올리며 오뚝이 정신으로! 나의 길을 계속 만들어 갈 것이다.

그간의 실적이 성공임을 단언할 수 없고, 앞으로 어떤 날이 펼쳐질지 모른다. 확실한 건 전업맘에서 프리랜서로 전향했다는 것, 불규칙하지만 그래도 다달이 수입이 있다는 것, 소기의 목적을 달성했다는 것이다!

▶▷ **워킹맘에게 필요한 지혜**

1. 육아는 혼자 할 수 없다. 가족 또는 돌봄 그룹의 도움이 반드시 필요하다.
2. '아이는 생각보다 강하다'는 신념을 갖고 그간의 욕심을 내려놓자.
3. 배움과 만남을 유지하라. 성장과 기회를 찾을 수 있다.
4. 루틴과 자신감을 갖자. 긴장을 놓지 말고, 사람 또는 일을 당당하게 맞자.
5. 과감한 투자도 필요하다. (ex. 결혼 8년 만에 세컨드카 구입 → 기동력 → 매출)
6. 인적 네트워크는 자산이다. 과거에 잘 쌓은 인연은 미래에 선물이 된다.
7. 긍정과 에너지를 유지하자.

이렇게 오늘도 힘을 낸다!

## Epilogue
### What's My Next name?

— 또 다른 이름을 향해

## 1. 기록의 시작, 나를 위한 글쓰기

요즘은 전자책도 많고, 작가도 많다. 이제는 특별한 사람만이 책을 쓰는 시대가 아니다. 나 역시 내 삶의 기록을 남기고 싶어 이 글을 쓴다. 내가 잘나서도, 성공해서도 아니다. 일련의 노력과 경험을 기록하며, 혹시 나와 비슷한 상황에 있는 누군가에게 작은 도움이 되길 바라는 마음에서다. 책을 쓰는 과정에서 나를 돌아보고, 내가 살아온 흔적을 남기며, 아이들에게 멋진 엄마로 기억되고 싶은 마음도 컸다.

강의나 대화에서도 늘 듣는 사람의 입장을 생각하려 노력해 왔다. 책도 마찬가지다. 하지만 어떻게 하면 팔릴까, 어떤 주제가 대중적일까 고민만 하던 시간, 노트북 위 커서만 깜빡이기를 반복 또 반복. 그럴 때 "나를 위해 써라"라는 지인의 조언이 큰 힘이 됐다. 결국, 내 만족과 성장도 중요하다는 사실을 깨달았다.

글을 쓰는 일은 생각보다 어려웠다. 하지만 우선 시작했고, 하면서 방법도 터득했다. 중요한 건 행동하는 것이다. "그냥 하자." 그냥 해야 뭐라도 나온다. 글감이 떠오를 때마다 메모하는 습관은 창작의 부담을 덜어준다. 운동할 때, 설거지할 때, 머리를 감을 때 떠오르는 생각을 핸드폰 메모나 음성메모로 남긴다. 이런 작은 기록들이 쌓여 나만의 이야기가 된다.

책을 쓰기로 결심한 2022년 10월 이후, 몇 년이 훌쩍 지났다. 계획보다 늦어졌지만, 내 이름으로 책을 낸다는 것만으로도 충분히 의미 깊고, 목표를 이룬 내 자신이 자랑스럽다.

## 2. 일과 성장, 내 이름을 되찾는 시간

월 300만 원을 벌었다고 흥분하며 글을 썼다. 얼마 지나 월 매출 500만 원, 1,000만 원을 넘기기도 했다. 공병 팔아 얻은 3천 원을 가계부에 적던 때와는 전혀 다른 시간을 보내고 있다. '강사'라는 직업에 시간과 에너지를 쏟으며, 내 활동 반경은 점점 넓어졌다. 집과 놀이터가 아닌 도서관과 카페에서 일하고, 기업에서 강의하는 날이 늘었다. 육아와 가사로 가득했던 머릿속을 리더십, 커뮤니케이션, 교육생과의 상호작용 등 새로운 고민들로 채운다.

혼자 일할 때도 쉽지 않았는데, 아이 둘의 엄마가 되고 일하는 게 결코 쉬울 리 없다. 이 당연한 현실을 받아들이는 것이 첫 번째 과제였다. 과거 직장 생활에서 내 롤 모델이자, 지금은 워킹맘이 된 선배가 내게 말했다. "일을 절대 놓지마! 너의 인생을 살아."

아이들만을 끔찍이 생각하며 살았다. 나의 온 시간, 온 에너지는 오롯이 아이들 것이었다. 가만히 있어도 땀이 나는 여름, 일주일에 한 번 겨우 샤워를 했다. 아이를 안고 용변을 봤고, 밥을 먹을 때는 아기 침대를 바짝 옆에 두고 한 숟갈 먹고 아이를 확인하고, 또 한 숟갈 먹고 아이를 확인했다.

일을 시작하고 익숙했던 우선순위가 흔들리는 걸 느꼈다. 아이보다 일이 먼저가 될 때, 두 아이의 엄마로서 죄스럽고 마음이 불편했다. 엄마가 일한다고 아이들을 힘들게 하는 것 같아 너무 미안했다. 그럴 때마다 '나의 인생을 살라'는 선배 의 말이 마음을 조금은 편안하게 해 주었다.

아이들을 위해 24시간을 불태웠던 시간이 있었기에, 이제는 죄책감을 조금 내려놓으려 한다. 내가 낳은 아이를 전적으로 책임지는 것이 나의 일이라고 믿어왔지만, 육아의 최종 목표는 '독립'임을 안다. 건강한 독립을 위해서라도, 나는 일하는 엄마가 되기로 했다.

한 달에 한 번 하던 강의가 어느새 15번으로 늘었다. 하루 두 시간 자고, 새벽 3시에 일어나 출근 준비를 하는 날도 있었다. 엄마밖에 모르던 아이들은 어느새 등하원 도우미에게도 살가워졌다. 내 손 없이도 육아와 가사가 남편 손으로도 가능해졌다. 쉽지 않은 시간이었지만, 우리 가족 모두가 노력한 결과였다.

일을 하며 성장하는 기쁨도 컸다. 내가 일이 즐거운 이유는 내가 성장하고, 나를 통해 다른 사람의 변화를 이끌 수 있고, 결과적으로 따라오는 노동의 대가도 나쁘지 않기 때문이다. 강의 준비를 하며 지식을 쌓고, 그 과정을 통해 나도 변화한다. 학습자가 감사함을 표현하고, 기분 좋은 상호작용 속에서 도파민이 폭발한다. 성취감도 높은데 일한 뒤 보수도 쏠쏠하다. 이런 일을 좋아하지 않을 이유가 없다.

"남미현"으로 시작해 "엄마", "남미안"을 거쳐 다시 내 이름을 찾았다. 때때마다의 과업을 해내며, 다시 "남미현"이라는 이름으로 살기 위해 고민하고, 생각대로 살기 위해 움직이며 시간을 쓴다. 내가 가진 자원을 누군가와 나누고, 그 결과가 성과로 돌아올 때 한없이 뿌듯하고 행복하다. 그래, 난 행복하고 싶다. 가정도, 일도, 대인관계도 모두 행복하길 바란다.

하지만 "행복"이라는 두 글자는 생각만큼 쉽지 않다. 평범하고 싶지만 평범하기 쉽지 않듯 '행복'도 결코 쉽지 않다는 것을 나이가 들수록 더 깊이 느낀다. 그래서 나는 오늘도 더 노력한다. 행복해지기 위해서.

## 3. 성장의 과정, 또 다른 이름을 향해

원하는 것을 얻기 위해 애쓰는 과정이 바로 '인생'이라고 생각한다. 모든 것을 이루고 더 이상 바라는 것이 없거나, 내 욕망과 욕구가 다 채워지는 날이 과연 올까? 설령 그런 날이 온다 해도, 과연 세상일이 재미있을까? 쇼펜하우어는 그런 순간 인간은 권태를 느낀다고 말했다. 내 생에 그런 날이 올지 모르겠지만, 너무 평온하고 변화 없는 삶, 더 이상 이루고 싶은 것이 없는 삶을 나는 바라지 않는다. 결국 그런 인생은 인생의 끝자락에서나 느끼게 되는 슬픈 순간일지도 모른다.

그래서 나는 살아있는 동안 하고 싶은 것을 찾아 계속 움직이고, 그 과정에서 성취감을 느끼며 변화하는 삶을 살고 싶다. 실제로 5년 가까운 가정보육 기간 동안, 나는 다시 "남미현"으로 살아내기 위한 시간을 보냈다. 변화 없는 무료한 시간이 지루하고, 변화하고 싶을 때면 가까운 도서관에 가기도 했다. 도서관을 가는 행동만으로도 에너지가 차오름을 느꼈다.

정체성은 만들어 가는 것이다. 언제든 변할 수 있고, 지금을 어떻게 보내느냐에 따라 내 방향도 달라진다. 가까스로 내 이름을 찾았다. "'엄마'라는 이름은 마이너스 구간이란 말인가?" 스스로 반문해 보기도 했지만, 그 시간 역시 내가 내 이름을 찾는 데 큰 도움이 되었다. 아이와 사랑을 주고받으며 부족한 나를 채우고 건강한 정서로 나는 다시 시작할 수 있었다. 누구나 결핍이 있으면 안전하게 차곡차곡 쌓아 올릴 수 없다. 이런 점에서 아이들에게 정말 고맙다.

지금도 인내를 배우는 중이다. '엄마'라는 이름으로 희생하며 하나의 인격체로 좀 더 성장했음을 자부한다. 시간이 흐르며 아이들도 점점 독립하고, 나 역시 내 삶의 주도권을 되찾고 있다. 결국 내가 하고자 하는 일을 더 많이, 더 잘할 수 있다. 그러기 위해서는 지치지 않고 움직이는 원동력이 필요하다. 좋아하는 것이 무엇인지 알고, 가끔은 다른 것보다 좋아하는 것을 우선순위로 두는 용기가 필요하다.

나는 교육을 통해 변화하는 중이다. 불가능이라 여겼던 것을 가능하게 만드는 중이다. 가능한 것을 가능한 한 더 많이 만들기 위해 오늘도 노력한다. 몇 년 뒤 더 멋진 나를 다짐한다. 좋은 일을 하면 좋은 에너지가 나온다. 좋은 에너지를 나누며 모두가 성장하고 행복하길 바란다. 우린 할 수 있다. 코이의 법칙처럼!

바쁘고 지쳐 일에 쫓기다 보면 15년 전처럼 번아웃이 올 수 있다. 그럴 때마다 다시 원점으로 돌아가기도 하지만, 인고의 시간이 없었다면 지금의 강한 의지도 없었을 것이다. 최고의 채찍은 후회와 원망이다. 나 자신을 반면교사 삼아, 다시 다짐한다.

나는 앞으로도 더 나은 나, 더 행복한 나를 위해 계속 움직일 것이다. What's my next name? 앞으로의 내 이름이 무엇이든, 나는 결국 "행복"을 목적으로 움직일 것이다. 성공하면 행복한가? 성공한다고 다 행복하지는 않지만, 행복하면 성공한 거라고 나는 믿는다.

행복이란 결국, 내가 원하는 것을 향해 움직이고, 그 과정에서 성장하고, 다시 새로운 나를 만들어 가는 것. 지금 당장 '나는 행복해. 행복하지 않을 이유가 하나도 없잖아?'라고 스스로에게 묻는다. 미간의 주름이 펴지고, 인상도 좋아지고, 마음도 젊어진다. 앞으로도 나는, 행복이라는 또 다른 이름을 향해 계속 나아갈 것이다.

### Blog  일을 해야 하는 이유     2022.11.24.

- 일 13시간
- 왕복 운전 7시간 / 워크숍 4시간 / 줌 미팅 1시간 / 결과 보고 1시간
- 육아 + 가사 3.5시간
- 아이 둘 아침 먹이기 + 씻기기 + 등원 1.5시간
- 아이 둘 재우기 1시간 / 집안일 1시간

밖에 있는 시간이 늘며 육아와 가사 시간이 줄었다. 좋은 말로는 레버리지, 좋지 않은 표현으로는 누군가의 도움을 받는다. '좋지 않다'고 쓴 이유는 '누군가'

는 힘들 수 있기 때문이다.

그러나
BUT

힘들어도 "공동의 목표를 위한 거"라면, "가치 있는 일"이라면 '온 마을이 아이를 키운다'는 말처럼 함께하는 것이 좋다.

"언빌리버블!"
같은 맥락에서 "아이 둘의 등하원, 식사, 재우기"까지 불과 몇 개월 전까지 상상도 못 한 신랑의 과업을 너무나 칭찬한다!

내가 하고자 하는 이야기는!!
밤 10시, 줌 미팅을 앞두고 '눈앞에 보이는, 가족이 남긴 잔반'을 먹어 치운다. 하필 오늘의 잔반은 콜라겐 덩어리 편육!

얼마 전 기사를 통해 음식물을 먹는다고 콜라겐이 흡수될 확률은 극히 적다는 기사를 봤음에도.

"밤 10시! 편육을 먹어야 하는 이유 찾기!"

하루 종일 제대로 된 식사를 하지 못했다. 허기짐을 채울 무언가가 필요하다. 집중하기 위해 연료를 태워야 한다. 음식물 쓰레기를 줄여야 한다. 신랑이 나를 위해 남겨놓은 정성을 생각하자 등등 많은 이유를 생각하며 나는 편육을 해치웠다.

**일하면 좋은 이유**

1. 돈 쓸 시간이 없다. (지출 절감)
2. 먹을 시간이 없다. (자연 다이어트)
3. 하루하루 경력이 생긴다.
4. E형은 에너지가 생긴다.
5. 돈이 생긴다.
6. 성취감, 자신감이 생긴다.
7. 운전 실력이 늘어난다.
8. 좋은 만남과 기회가 생긴다.
9. 일을 통해 배운다.
10. 열심히 일하는 모습을 아이들에게 보여준다.

씹는 건지, 삼키는 건지 분간이 어려운 속도로 편육을 욱여넣으며 일을 하면 좋은 이유가 계속 생각났다.

"엄마 왜 주물러 주는 거야?"
"엄마 아프지 말라고."

엄마와 아들의 대화. 와… 내가 이렇게 따뜻한 아들을 낳았다. 시키지도 않았는데 책 읽는 엄마의 팔과 어깨를 주무르는 6살 내 아들에게 감동 먹었다. 느껴지는 마음에 눈물 찔끔했다!

오늘의 반성.
운전을 고속도로로 배운 예쁜 둘. 내 앞을 막는 자 볼 수 없고, 내 앞이 뻥 뚫린 것도 참기 어렵다. 성격 급한 티가 난다. 예정된 시간보다 빨리 가고 있음에도 어찌 되었든 도착 시간을 당기고 싶다.

그리하여
"내 인생 첫 과속딱지 Get……."

차량 내비게이션이 보기 불편해서 핸드폰 내비를 쓰는 중이다. 충전 중에는 블루투스가 불안정하다. 하여 블루투스를 해지하고 핸드폰 기본음으로 음악과 내비를 청취했다. 차량 내비도 멀티플레이.

뻥 뚫린 도로를 막힘 없이 달리다 그만, 내비게이션 경보를 놓치고 속도위반을 거행했다.

오늘의 반성 "과속하지 말자."
내비고 뭐고 블루투스가 뭐고 간에 애초에 빨리 안 달리면 되잖아…… 네…… 오늘을 계기로 큰 사고 안 나고 잘 배웠다 생각합니다. 감사합니다.

그렇다. 머리털 나고 처음 접한 영암의 월출산을 올해 두 번 봤다. 애 둘 엄마가 당일치기로 이리 먼 거리를 다니다니……. 불과 몇 개월 전만 해도 상상도 못할 일이다. 언감생심 꿈도 못 꾸던 일을 해내고 있다.

그렇다. 의지만 있다면, 구체적인 목표가 있으면 "꿈"은 "현실"이 된다. 그렇게 미래를 그린다.

오늘도 수고했다.
잘 살았다.
사랑한다 내 자신아, 나의 가족아!

감사합니다.
오늘을 기록.

#일기 #반성문 #블챌

나는 한때, 오롯이 아이와 가족에게만 몰두했다.
육아는 혼자 감당했고, 일도 꿈도 생각치 못했다.
그런 일상 속에서 마음이 무거워짐을 느꼈다.

그래서 움직였다.
도서관에 나가 변화를 시도하고, 매일을 바쁘게 보냈다.
'엄마'라는 이름은 소중했지만, 그 안에만 머물 순 없었다.
그 시절이 있었기에, '나'라는 이름을 다시 찾을 수 있었다.

시간이 흐르며 내 삶의 중심도 바뀌었다.
전업맘에서 벗어나 일과 도전을 품게 되었다.
한때는 수입이 전혀 없었지만, 지금은 일하고 배우고 나눈다.
강사이자 코치, 퍼실리테이터로 일하며, 지금은 작가에 도전한다.
독박육아가 아닌, 남편과 여러 선생님들과 함께 육아하고,
집을 넘어 세상 속으로 종횡무진 나아간다.

**나는 다시 나로 살아가기로 했다.**
**이렇게, 나는 나를 다시 키우기로 했다.**